LES VARIATIONS DU DROIT DE LA NON-DISCRIMINATION

LES CAHIERS DE LA LCD

Lutte Contre les Discriminations

Les Cahiers de la LCD – Lutte Contre les Discriminations – sont une nouvelle revue dans le paysage universitaire français. Elle s'inscrit à l'intersection d'un double constat ; celui de l'actualité politique et scientifique et d'un manque d'outils permettant à la fois de poser les termes du débat dans l'espace public et de nourrir l'action. L'enjeu est alors de produire et de diffuser des savoirs académiques et opérationnels afin de lutter contre les discours fantasmatiques qui touchent particulièrement les publics discriminés et/ou discriminables. La revue s'affiche clairement comme outil de prévention, au croisement des questions universitaires politiques et associatives.

L'ambition assumée de cette revue est à la fois de prévenir, traiter et lutter contre toutes les discriminations de manière multidisciplinaire et interpartenariale.

Johanna Dagorn et Arnaud Alessandrin

Codirecteurs de la revue

Sous la direction de
Delphine Tharaud et Marie Peyronnet

LES VARIATIONS DU DROIT DE LA NON-DISCRIMINATION

LES CAHIERS DE LA LCD
LUTTE CONTRE LES DISCRIMINATIONS
Vol. 19

L'Harmattan

5-7, rue de l'Ecole-Polytechnique, 75005 Paris
http://www.editions-harmattan.fr
ISBN : 978-2-336-49651-1
EAN : 9782336496511

REMERCIEMENTS

Les Cahiers de la LCD tiennent à remercier les directrices de ce numéro ainsi que les contributeurs/trices qui composent ce numéro. Merci également aux partenaires de la revue et aux abonné·e·s fidèles ! Nous remercions enfin les évaluateurs et évaluatrices de l'ensemble des articles.

REMERCIEMENTS

SOMMAIRE

Introduction : Les variations du droit de la non-discrimination
Delphine Tharaud 11

DOSSIER : Variations relatives aux motifs de discrimination 17

Genèse du droit de l'égalité sur le fondement du genre et des variations. Analyse socio-juridique de l'histoire du droit de l'égalité femmes/hommes au travail en France et au Royaume-Uni
Sophia Ayada 19

L'interdiction à géométrie variable des discriminations fondées sur l'âge
Clément Lanier 35

DOSSIER : Variations relatives à la preuve de discrimination.......... 47

Les variations autour de la preuve des discriminations en droit du travail
Sandrine Maillard et **Marie Peyronnet** 49

Les variations de la justice administrative française autour du régime de la preuve de la discrimination
Caroline Expert-Foulquier 73

VARIA 89

Processus et domaines sociaux de production du racisme et de discriminations vécus par des personnes d'origine asiatique en France. Une analyse des résultats de l'enquête REACTAsie
Simeng Wang 91

RECENSIONS

Dagorn J. et Alessandrin A. (2023), *Discriminations dans la ville. Sexisme, racisme et LGBTphobie*, Double ponctuation
Myriem Kadri 113

Pouy-Bidard B. (2023), *Transidentités en éducation physique et sportive (EPS)*, L'Harmattan
Ludivine Brunes.. 117

INTRODUCTION

LES VARIATIONS DU DROIT DE LA NON-DISCRIMINATION

Delphine Tharaud

***Delphine Tharaud**, Professeure de droit privé à l'université de Limoges, OMIJ (UR 14476).*
delphine.tharaud@unilim.fr

Résumé : Si les règles juridiques dédiées à la non-discrimination constituent aujourd'hui un ensemble qui permet d'utiliser l'expression de droit de la non-discrimination, elles ne comportent pas encore la logique et la cohérence attendues pour permettre une parfaite lisibilité de la prohibition des discriminations en France. En effet, le droit de la non-discrimination est récent dans la construction du droit français et y trouve une place qui reste relativement complexe à établir. Il reste par conséquent immature et subit des variations qui sont multiples.

Mots-clés : Droit de la non-discrimination ; Motif de discrimination ; Preuve ; Droit du travail ; Droit pénal ; Droit administratif

L'appellation « droit de la non-discrimination » émerge en France depuis quelques années. Elle permet d'exprimer l'existence d'un corpus de règles, d'un ensemble de dispositifs qui laissent entrevoir l'intérêt du droit pour la question des discriminations et de la lutte contre celles-ci. Cette appellation est utile, voire nécessaire pour la bonne compréhension de la non-discrimination, ainsi que pour renforcer sa place dans le droit. Cependant, elle peut être trompeuse au sens où elle semble induire une forme de cohérence ou de rationalisation qui ne se retrouve pas pleinement en réalité. Cette situation s'explique par l'historique de la construction de ce droit finalement très récent et encore immature (1). Ces variations sont multiples et laissent entrevoir des incohérences (2).

1. L'immaturité du droit de la non-discrimination

Il faut comprendre que l'intégration de la question des discriminations dans le droit présente un caractère contemporain. En effet, il est généralement admis que l'émergence d'un véritable droit provient d'une première loi générale sur les discriminations en date du 16 novembre 2001, suivie d'une deuxième le 27 mai 2008. Ces deux réformes proviennent des obligations internationales de la France vis-à-vis de l'Union européenne qui viennent percuter le droit français, y compris même concernant l'existence du mot discrimination. En effet, le droit français s'est construit autour de l'égalité telle qu'imaginée par la période révolutionnaire qui rêvait d'une égalité par une règle de droit générale, applicable à tous sans distinction, sans privilège ou statut particulier. Cette égalité, appelée formelle, relève d'une forme de croyance en une égalité générée par la forme de la règle de droit unique. Or admettre l'existence de discriminations, c'est reconnaître que cette égalité formelle n'est pas suffisante pour réaliser l'égalité dans les faits, puisqu'elle se confronte à des rapports sociaux biaisés qui, par le truchement de préjugés ou de stéréotypes, créent des inégalités. L'introduction de la notion de discrimination dans le droit revient à relever les dysfonctionnements de l'égalité « à la française ». Les deux lois à vocation générale introduites dans les années 2000 permettent de changer de paradigme et d'insérer explicitement les discriminations au sein des problématiques égalitaires. Cependant, cette intégration ne peut s'effectuer sans heurt car les discriminations supposent de penser l'égalité dans les faits avec la poursuite d'un objectif à réaliser. Dès lors, il s'agit de réprimer les discriminations, mais aussi de lutter contre les discriminations avec, au besoin, le support de règles spécifiques.

Cette position de la non-discrimination au sein de l'égalité reste donc difficile à établir clairement car, malgré son absence dans la genèse égalitaire, elle apparaît néanmoins aujourd'hui comme le cœur battant de l'égalité. La non-discrimination est alors périphérique au principe d'égalité car elle mobilise des mécanismes initialement exceptionnels ou dérogatoires comme le traitement différent de situations différentes que le droit français n'admet qu'au titre d'une simple faculté pour le législateur alors que celui-ci est tenu de traiter de la même manière des situations semblables. Mais, dans le même temps, elle est l'élément le plus fort de l'égalité. En visant des motifs relevant de libertés fondamentales des personnes comme la religion ou les opinions politiques, ou en ciblant leur état comme l'âge ou le sexe, la répression des discriminations protège les éléments constitutifs de l'identité et de la personnalité de chacun. La force de ce champ d'action justifie des règles protectrices spécifiques comme un aménagement de la charge de la preuve ou une prescription plus longue que celle appliquée à l'égalité de traitement. Surtout, cet aspect central de la non-discrimination au sein de l'égalité conduit à son épanouissement dans toutes les matières juridiques comme les droits de l'Homme, le droit du travail, le droit administratif ou le droit pénal. Cependant, cette diffusion doit parfois affronter les logiques propres à ces matières.

Le droit de la non-discrimination est donc un droit de conciliation : conciliation entre la non-discrimination et l'égalité, conciliation entre l'objectif fort de protection et les principes moteurs des matières dans lesquelles il va trouver application. Les arbitrages qui sont ainsi effectués ne se font pas tous dans le même sens : la laïcité peut contenir la non-discrimination, la non-discrimination peut l'emporter sur l'égalité, la lutte contre les discriminations peut justifier de rompre avec l'égalité formelle, les piliers du droit pénal et du procès équitable peuvent limiter les avancées procédurales offertes habituellement à la non-discrimination…

Ainsi, contrairement à ce que l'appellation « droit de la non-discrimination » peut laisser croire, il n'existe pas de cohérence complète au sein des règles de non-discrimination. Ces fluctuations sont renforcées par la multiplicité des règles applicables. En effet, le législateur intervient très fréquemment afin de créer des dispositifs de lutte contre les discriminations, que ce soit par le biais d'obligations (par exemple les obligations en termes de parité) ou par le biais de dispositifs d'aides (par exemple les aides versées aux employeurs lors de l'embauche de personnes qui appartiennent à des catégories habituellement discriminées). Les législations se multiplient également ces dernières années dans le but d'établir de nouveaux motifs plus ou moins pertinents ou utiles (la vulnérabilité économique, la perte d'autonomie, la domiciliation bancaire…). Dorénavant, chaque tendance sociale ou judiciaire se décline sous la forme d'une initiative politique visant à intégrer un nouveau critère en tant que nouveau motif ou illustration d'un motif préexistant. Nous pouvons citer à cet égard l'accent, les mineurs, ou les cheveux…

Cette effervescence législative constitue à la fois la force et la faiblesse de la non-discrimination. Sur le plan quantitatif, elle renforce la position centrale de la non-discrimination et en fait une priorité sociale et juridique. En revanche, sur le plan qualitatif, les incohérences deviennent plus évidentes et la non-discrimination se voit instrumentalisée et parfois amoindrie dans sa puissance d'expression. Que penser par exemple de l'introduction de la perte d'autonomie dans la liste des motifs alors que nous disposons déjà de l'âge, du handicap ou encore de l'état de santé qui peuvent déjà prendre en charge ce type de situation ?

Quels que soient les enjeux explicites ou implicites qui se dressent derrière ces évolutions, le foisonnement des règles et la complexité qui s'y loge rendent de moins en moins accessible le droit de la non-discrimination, alors qu'il n'a jamais été aussi proche des considérations des citoyens et des citoyennes.

2. La diversité des variations subies par le droit de la non-discrimination

Cet état des lieux dressé très rapidement permet de comprendre que le droit de la non-discrimination subit des variations, parfois importantes. Il est pour l'instant constitué sous la forme de différentes strates de protection. Se dégage ainsi un socle commun de protection qui comprend la définition de la discrimination et envisage les différentes situations dans lesquelles elle va pouvoir être prohibée. S'y ajoutent des couches qui naissent dans des matières ou des contextes distincts.

Il nous est par conséquent apparu nécessaire de constituer un ensemble de contributions autour de ces variations que subit le droit de la non-discrimination. Et, sans que nous l'ayons dessiné dans l'appel à contributions, les propositions qui nous sont parvenues font ressortir les deux types essentiels de variations subies par le droit de la non-discrimination : les propositions qui tiennent aux variations subies en raison des motifs de discrimination et qui relèvent des éléments procéduraux, particulièrement concernant le régime de la preuve.

Concernant la question des motifs, comme précédemment souligné, le législateur français a fait preuve d'une imagination débridée ces dernières années en ajoutant des critères dont l'intérêt pratique peut laisser songeur. Deux difficultés apparaissent ici. D'une part, faute d'un texte unique, sous la forme d'une loi complète ou d'un code compulsant et ordonnant l'ensemble des règles issues de la non-discrimination, les motifs restent présentés de manière éclatée et répétée dans plusieurs législations et codes : Code pénal, Code du travail, Code général de la fonction publique, loi du 27 mai 2008 portant diverses dispositions d'adaptation au droit communautaire en matière de lutte contre les discriminations pour ne citer que les textes qui constituent l'axe central de protection. Or chaque motif n'est pas nécessairement présent dans tous ces supports normatifs. Notamment, les motifs les plus récents n'ont pas été intégrés dans le Code général de la fonction publique. Parfois, également, les retranscriptions font apparaître des modulations de présentation : le nom de famille peut devenir le nom patronymique, la religion peut être une religion déterminée ou des convictions religieuses. D'autre part, au-delà des fluctuations de présentation, ces motifs obéissent à des variations dans leur protection. Ainsi, certains sont considérés comme prioritaires et bénéficient dès lors d'une protection plus rigide. À cet égard, la grille d'analyse utilisée par la Cour européenne des droits de l'Homme fait ressortir cette idée. Elle n'hésite d'ailleurs pas à explicitement indiquer que des motifs sont particulièrement protégés comme le sexe, la race et l'ethnie ou l'orientation sexuelle. Ce caractère prioritaire peut également trouver une traduction en droit interne par le déploiement d'actions de lutte contre les discriminations. Celles-ci peuvent présenter un caractère incitatif ou déclencher des sanctions lorsque le législateur privilégie la mise en place d'obligation. Quelle que soit la voie choisie, elles peuvent prendre la forme de différences de traitements appelées actions positives ou discriminations positives. Pour terminer, il faut également considérer que les discriminations peuvent parfois être justifiées. Or, ces possibilités d'admission varient selon le motif concerné, certaines justifications étant par exemple plus faciles concernant l'apparence physique et plus délicates pour ce qui est de l'orientation sexuelle. Le droit du travail apporte nombre d'illustrations en ce sens en mettant en avant la justification par des exigences professionnelles essentielles et déterminantes.

Concernant le deuxième type essentiel de variations qui tient au support procédural, les modulations tiennent au fait que le droit pénal soumet le droit de la non-discrimination à ses propres piliers procéduraux. Cette assise peut avoir des effets sur le fond. Ainsi, le caractère non nécessairement volontaire ou conscient de la discrimination indirecte définie comme le fait d'utiliser un critère en apparence neutre qui, en pratique, désavantage une catégorie de personnes, empêche sa reconnaissance en droit pénal qui fait reposer la répression des discriminations sur un caractère intentionnel. Mais un autre effet procédural, plus souterrain et technique, est à souligner. Le principe de la présomption d'innocence bloque l'aménagement de la charge de la preuve spécifique à l'action en discrimination. En effet, à titre d'exception par rapport au droit commun de la preuve, la charge de la preuve est répartie entre le demandeur et le défendeur afin de rendre effective la répression des discriminations. L'absence d'aménagement de la charge de la preuve reste un frein important au déploiement du contentieux pénal en matière de discrimination. Cependant, même lorsque l'aménagement de la charge de la preuve s'applique, comme le démontrent les deux contributions en lien avec cette thématique, des variations sont possibles selon les modalités procédurales applicables devant le juge civil ou le juge administratif.

Les quatre contributions proposées ici permettent de mettre en lumière des formes d'inégalités au sein du régime de prohibition des discriminations. Elles font aussi parfois apparaître des incohérences dont l'effectivité de la lutte contre les discriminations peut souffrir. Ce sont des exemples frappants qui permettent d'ouvrir un champ de réflexion sur la recherche d'efficacité de la lutte contre les discriminations et l'élaboration d'un cadre légal cohérent et pertinent pour ce faire. Toilettage des motifs de discrimination, travail sur les règles procédurales, interrogations sur les sanctions, établissement d'un cadre global et cohérent par un code de la non-discrimination sont autant de pistes à poursuivre à l'avenir.

Bibliographie

Charruau J. (2022), *La non-discrimination en droit public français. Une notion en devenir ?*, thèse, Bruylant.

Medard Inghilterra R. (2022), *La réalisation du droit de la non-discrimination*, thèse, LGDJ, Bibliothèque de droit public.

Tharaud D. et Boyer-Capelle C. (2021), *Dictionnaire juridique de l'égalité et de la non-discrimination*, L'Harmattan.

Tharaud D. (2023), *Droit de la non-discrimination*, 2e éd., Bréal, Lexifac.

« QUELS QUE SOIENT LES ENJEUX EXPLICITES
OU IMPLICITES QUI SE DRESSENT DERRIÈRE
CES ÉVOLUTIONS, LE FOISONNEMENT DES RÈGLES
ET LA COMPLEXITÉ QUI S'Y LOGE RENDENT
DE MOINS EN MOINS ACCESSIBLE LE DROIT
DE LA NON-DISCRIMINATION, ALORS QU'IL N'A
JAMAIS ÉTÉ AUSSI PROCHE
DES CONSIDÉRATIONS DES CITOYENS
ET DES CITOYENNES. »

Delphine Tharaud

DOSSIER :

Variations relatives aux motifs de discrimination

GENÈSE DU DROIT DE L'ÉGALITÉ SUR LE FONDEMENT DU GENRE ET SES VARIATIONS

Analyse socio-juridique de l'histoire du droit de l'égalité femmes/hommes au travail en France et au Royaume-Uni

SOPHIA AYADA

Sophia Ayada, *Chercheuse associée, Centre de Théorie et d'Analyse du Droit, Parix X Nanterre-La Défense*
sophia.ayada@eui.eu

Résumé : Au cours des années 1970, la France, le Royaume-Uni et les institutions de l'Union européenne se dotent d'un droit antidiscriminatoire sur le fondement du genre, qui s'applique principalement dans la sphère professionnelle. Les motivations de ces révisions législatives majeures, qui entérinent dans la loi un principe d'égalité de traitement entre femmes et hommes, ne sont toutefois pas uniformes. Des variations trouvent en effet leurs sources dans les contextes socio-politiques dans lesquels les débats parlementaires antérieurs aux premières législations se sont tenus. De la même manière, les influences théoriques des acteurs politiques sont variées. Enfin, les résistances contre l'adoption de ces normes de droit prennent des formes différentes selon le contexte.

Mots-clés : Égalité femmes/hommes ; Droit comparé ; France ; Royaume-Uni ; Union européenne ; Genèse historique

Introduction

Dans le cadre de ce numéro spécial portant sur les variations du droit antidiscriminatoire, cet article se propose d'explorer cette notion de variation dans une perspective de droit comparé[1], en examinant les droits britannique et français. La comparaison des systèmes juridiques antidiscriminatoires britannique et français se justifie par l'existence de similarités mais également de différences qui

[1] En se fondant sur les cadres théoriques développés principalement par Mathieu-Izorche M.-L. (2009), « Approches épistémologiques de la comparaison des droits », *in* Legrand P. (dir.), *Comparer les droits, résolument*, PUF, pp. 123-146 ; Laithier Y-M. (2009), *Droit comparé*, Dalloz, Cours, § 20 et s. ; Haguenau-Moizard C. (2018), *Introduction au droit comparé*, Dalloz, Séquences, 305 p.

s'observent entre ces deux systèmes juridiques : similarités car tous deux façonnés par la mise en œuvre de nombreuses normes de droit de l'Union européenne, mais également différences en termes de systèmes juridiques de type civiliste et de *common law*, dont l'influence sur les mobilisations individuelles et collectives du droit est incontestable. Plus précisément, les mobilisations antérieures à l'adoption des législations et l'usage du contentieux stratégique à des fins d'évolution législative et jurisprudentielle ne sont pas similaires. De la même manière, la proximité de certains agents britanniques avec les États-Unis, ainsi que l'antériorité d'un droit britannique de la non-discrimination raciale, y ont façonné un régime juridique particulier, notamment dans le rôle donné à l'*Equal Opportunity Commission*, organe chargé de promouvoir l'égalité et doté d'un pouvoir de contrainte non négligeable dès 1975. Enfin, si des éléments rassemblent nécessairement le Royaume-Uni et la France dans leur nécessité de se conformer aux exigences posées par leur participation à l'Union européenne, des variations subsistent malgré cette obligation. Ces différences en particulier justifient une telle étude comparée, notamment en termes de recours (pénal et civil en France, uniquement civil au Royaume-Uni qui a néanmoins pensé la création d'une juridiction spécialisée), mais également en termes institutionnels (rôle de l'inspection du travail en France, présence d'un organe de promotion de l'égalité puissant au Royaume-Uni dès 1975), et procéduraux (principalement au regard du droit à l'aide juridictionnelle et à l'action de groupe). Mais ces deux systèmes juridiques découlant principalement du droit de l'Union européenne, une analyse subsidiaire de ce dernier apparaît nécessaire, afin de l'étudier en tant que variable d'ajustement. Certains aspects spécifiques ont pu être étudiés, comme les modalités de mobilisations des droits antidiscriminatoires britanniques et français[2], l'intégration du paradigme européen de la non-discrimination en droit interne[3], ou encore la mise en œuvre politique des législations d'égalité femmes/hommes[4].

Toutefois, dans ces deux contextes juridiques, un même état des lieux 50 ans après l'adoption des premières normes de droit de l'égalité : la persistance des inégalités à l'encontre des femmes sur le marché du travail. Pour essayer de comprendre l'inefficacité des deux régimes juridiques, cet article remonte à leurs genèses respectives[5]. En examinant de manière toujours comparée les modalités

---

2 Guillaume C. et Chappe V.-A. (2022), « Mobilizing anti-discrimination law: the litigation strategies of UK and French trade unions compared », *Journal of Law and Society*.

3 Geddes A. et Guiraudon V. (2005), « 4 : La construction d'un paradigme européen de lutte contre les discriminations ethniques à partir de modèles nationaux contrastés : une comparaison franco-britannique », *in* Arnaud L. (2005), *Les minorités ethniques dans l'Union européenne*, La Découverte, Recherches, pp. 67-86.

4 Jönsson A. et Morel N. (2006), « Égalité des sexes et conciliation vie familiale-vie professionnelle en Europe. Une comparaison des politiques menées en France, en Suède et au Royaume-Uni », *Politique européenne*, n° 20, pp. 121-139.

5 Cette contribution emploie le terme de genèse dans un temps court – en limitant l'étude aux débats parlementaires ayant porté sur les normes de droit antidiscriminatoire étudiées. Il ne s'agit donc pas d'en faire une genèse historique, qui pourrait remonter en France à l'adoption

d'adoption des premières normes de droit antidiscriminatoire sur le fondement du genre, des variations dans la portée et la mise en œuvre de ces droits se dévoilent, notamment autour de la conceptualisation même de l'égalité dans un sens collectif ou individuel. Ainsi, si les motivations des gouvernements et parlementaires français et britanniques pour adopter ces normes de droit se rejoignent parfois, elles ne sont donc pas uniformes, ce que cet article se propose de développer dans les sections suivantes.

1. Les cadres législatifs français, britannique et européen en matière d'égalité de genre au travail : un parallélisme des formes

Au cours des années 1970, la France, le Royaume-Uni et les institutions de l'Union européenne se dotent d'un droit de l'égalité entre femmes et hommes qui s'exerce avant tout dans la sphère professionnelle. Des mesures comparables mais spécifiques sont adoptées, principalement en matière d'égalité salariale et de conditions de travail. Il convient d'examiner d'abord le cadre juridique développé dans cette période, pour pouvoir comparer dans les sections suivantes ses modalités d'adoption.

En matière d'égalité salariale, l'*Equal Pay Act* britannique, adopté en 1970 mais entré en vigueur en 1975, reconnaît l'adage *equal pay for equal work.* La loi française n° 72-1143 du 22 décembre 1972 inscrit également dans le Code du travail le principe d'égalité de rémunération à travail égal ou de valeur égale entre les femmes et les hommes. Au niveau européen enfin, la directive européenne n° 75/117/CEE du 10 février 1975 porte sur le rapprochement des législations des États membres relatives à l'application du principe de l'égalité des rémunérations entre travailleurs masculins et féminins.

Concernant la nécessité de garantir l'égalité de traitement entre les femmes et hommes dans leurs conditions de travail, les trois systèmes juridiques adoptent également au coude à coude leurs instruments juridiques respectifs. La loi française n° 75-625 du 11 juillet 1975, qui modifie et complète le Code du travail en ce qui concerne les règles particulières au travail des femmes ainsi que l'article L. 298 du Code de la sécurité sociale et les articles 187-1 et 416 du Code pénal, est rapidement suivie par le Royaume-Uni qui adopte en novembre 1975 le *Sex Discrimination Act.* Enfin, une directive du Conseil européen du 9 février 1976 porte sur la mise en œuvre du principe de l'égalité de traitement entre hommes et femmes en ce qui concerne l'accès à l'emploi, à la formation et à la promotion professionnelles ainsi que les conditions de travail.

Ces normes législatives suivent un certain parallélisme des formes. Sont en effet communs leurs champs d'application (le droit du travail et l'accès aux biens et aux services), la reconnaissance d'un principe directeur (le principe d'égalité

---

de la Déclaration des droits de l'Homme et du citoyen de 1789, comme l'étudient Fondimare E. (thèse), Junter A. et Ressort C. (juill. 2010), « La discrimination sexiste : les regards du droit », *Revue de l'OFCE.*

salariale à travail égal et le principe d'égalité de traitement) ; des exceptions (les exigences professionnelles essentielles). Ces normes sont également adoptées à la suite d'un état des lieux sur les contributions économiques et productives dont les femmes peuvent apporter par leur travail salarié. Toutefois, des singularités en termes de modalités d'adoption, de structures et modalités d'application, et de discours et pratiques de résistance, les séparent. Ces singularités feront l'objet d'un examen distinct par les sections suivantes.

2. Variations dans les modalités d'adoption des lois sur l'égalité hommes/femmes

Les conditions d'adoption de ces normes sont spécifiques à chaque contexte étudié, notamment dans leurs relations avec les mouvements sociaux qui leur sont contemporains mais également avec des nécessités divergentes quant à la compatibilité des mesures législatives avec les impératifs européens.

Alors que la France est déjà membre de l'Union européenne, et appelée à mettre en conformité son droit avec les directives à venir en matière antidiscriminatoire, l'*Equal Pay Act* britannique est voté par un Parlement d'un État alors considéré comme tiers à la Communauté économique européenne (le Royaume-Uni la rejoignant le 1er janvier 1973). Ainsi, ce n'est pas tant sur une impulsion européenne que grâce aux mouvements sociaux de la fin des années 1960 et à l'impulsion du *Labour Party* que cette norme est adoptée. Le principe selon lequel « à travail égal, salaire égal » est en effet inclus dans le manifeste du *Labour Party* de 1964. Toutefois, malgré la tentative du *Trades Union Congress* (l'organisation qui fédère les syndicats britanniques) de donner une valeur juridique à ce principe, ce manifeste reste lettre morte, au nom des risques d'inflations et de l'hostilité du patronat. Il faut attendre les grèves de 1968-1969 des couturières de Ford, à Dagenham mais également à Halewood, « soutenues par les féministes, souvent diplômées et de classes moyennes, qu'elles soient “socialistes” ou “libérales”, comme la Fawcett Society [… mais aussi] par les jeunes féministes “radicales” qui médiatisent leurs luttes dans les journaux qui se créent à l'époque, comme *Spare Rib* ou *Women's voice*, et soutiennent des campagnes de syndicalisation »[6]. Dans ce contexte, Barbara Castle, alors secrétaire d'État au travail et à la formation du gouvernement travailliste d'Harold Wilson, parvient à faire passer l'*Equal Pay Act*.

Toutefois, comme le note Cécile Guillaume, « cette loi évitait le risque d'un texte plus contraignant pour les employeurs, imposé par l'Union européenne, puisqu'elle offrait un délai de cinq ans aux entreprises pour supprimer les sources

[6] Guillaume C. (2013), « La mobilisation des syndicats anglais en faveur de l'égalité salariale (1968-2012) », *Travail, Genre et Société*, 2013/2, p. 6.

les plus flagrantes de discrimination »[7]. Et en effet, la portée des lois sur l'égalité salariale britanniques et françaises diffère dès leur origine du fait de leur (non-)intégration dans le paradigme du droit européen, ce dernier prévoyant non seulement un salaire égal pour un travail égal, mais également un salaire égal pour un travail *à valeur égale*. Alors que le droit français transpose le traité de Rome de manière extensive en s'inspirant des dispositions des conventions de l'Organisation internationale du travail (notamment de la convention n° 100 sur l'égalité de rémunération), incluant l'égalité de rémunération entre femmes et hommes « pour un même travail ou pour un travail de valeur égale »[8], au Royaume-Uni il faut attendre un amendement de l'*Equal Pay Act*, faisant suite à un recours en manquement de la Commission européenne contre les autorités britanniques pour leur mauvaise mise en œuvre du droit européen, pour voir un tel principe effectivement appliqué. L'*Equal Pay Act* mentionnait effectivement qu'« une femme est considérée comme employée dans un travail évalué comme équivalent à celui de tout homme si, et seulement si, son emploi et celui des hommes ont été attribués une valeur égale, en termes d'exigences imposées à un travailleur sous divers aspects (par exemple l'effort, la compétence, la décision), sur la base d'une étude entreprise en vue d'évaluer dans ces termes les emplois à effectuer par l'ensemble ou une partie des employés d'une entreprise ou d'un groupe d'entreprises, ou auraient été attribués une valeur égale sans que l'évaluation soit réalisée selon un système établissant des valeurs différentes pour les hommes et les femmes sur la même exigence sous n'importe quel aspect ».[9] En pratique, cette disposition rendait impossible pour les travailleuses d'invoquer le principe d'un salaire égal pour un travail *de valeur égale*, en exigeant *a priori* de toute demande l'établissement d'un système de classification professionnelle attestant du caractère égal de la valeur du travail des femmes établi par l'employeur. Comme noté par la Cour[10], « un travailleur ne peut au Royaume-Uni faire attribuer une valeur égale à son travail par rapport à un travail comparable si son employeur s'oppose à l'établissement d'un système de classification »[11]. L'arrêt de la Cour, confirmant le manquement des autorités britanniques dans leur transposition de la directive n° 75/117/CEE rendant nul l'effet utile de la directive n° 75/117, conduit ainsi à un amendement de l'*Equal Pay Act*[12], dont la nouvelle mouture comprendra la notion de travail de valeur

---

[7] Guillaume C. (2015), « "Understanding the Variations of Unions" Litigation Strategies to Promote Equal Pay : Reflection on the British Case », *Cambridge Journal of Economics*, n° 363.

[8] L. n° 72-1143, 22 déc. 1972, relative à l'égalité de rémunération entre les hommes et les femmes, art. 1.

[9] *Equal Pay Act*, sect. 1, (5).

[10] CJCE, 6 juill. 1982, n° C-61/81, *Commission c/ Royaume-Uni*.

[11] CJCE, 6 juill. 1982, n° C-61/81, *Commission c/ Royaume-Uni*, § 5.

[12] The Equal Pay (Amendment) Regulations 1983 (S.I. 1794/1983) – The Industrial Tribunals (Rules of Procedure) (Equal Value Amendment) Regulations 1983 (S.I. 1807/1983).

égale sans prérequis d'un système de classification professionnelle fourni par l'employeur.

Quant au *Sex Discrimination Act* de 1975, il naît également dans un contexte spécifique. Son adoption est tout d'abord requise par l'*Equal Pay Act*, dont la mise en œuvre utile exige la prohibition des discriminations (le cas échéant, des employeurs pouvant simplement discriminer les travailleuses exigeant un salaire égal). Il apparaît également utile de préciser ici le contexte international qui participe de l'adoption de cette norme : d'une part, dans un régime ayant déjà prohibé la non-discrimination raciale (via l'adoption en 1965 de la première mouture du *Race Relations Act*, révisé en 1968), mais également par des expert·es du droit s'inspirant très largement du droit étasunien. En premier lieu, le *Race Relations Act* va avoir une incidence sur les limites du champ d'application du droit discriminatoire en matière de genre, *le Sex Discrimination Act* prévoyant une même exception au travail domestique rémunéré (permettant, en d'autres termes, d'embaucher des travailleurs ou travailleuses à son domicile en prenant en compte leur genre). En second lieu, les acteurs politiques (car ce sont principalement des hommes) chargés de la rédaction du *Sex Discrimination Act* ont également participé à la rédaction du *Race Relations Act* et ont réalisé plusieurs voyages aux États-Unis, où ils ont pu observer comment le droit antidiscriminatoire était élaboré, conduisant un certain parallélisme entre le modèle britannique et étasunien dans leur primauté à l'individu plutôt qu'à l'égalité. À ce titre, le rôle joué par Anthony Lester est particulièrement intéressant, en ce qu'il témoigne de la porosité du *Sex Discrimination Act* d'une part au droit de la non-discrimination raciale, et d'autre part au contexte étasunien.

La loi française n° 75-625 sur les conditions de travail des femmes naît quant à elle autour d'un impératif différent : celui de « [c]oncilier [le] travail et [la] maternité [, qui] est un aspect fondamental de la condition féminine dans le monde moderne », comme le présente André Aubry, rapporteur de la commission des affaires sociales devant le Sénat[13]. En particulier, les femmes, « conscientes de l'importance de la contribution qu'elles apportent par leur travail [non salarié] au développement des activités productrices, soucieuses d'assumer dans les meilleures conditions leur rôle spécifique de mères, qui portent et mettent au monde les enfants qui sont la plus précieuse [sic] richesse d'un pays, demandent à l'État et à leurs employeurs de mettre en œuvre les moyens nécessaires pour qu'elles puissent concilier ces deux exigences »[14]. En d'autres termes, il s'agit en France d'assurer ce que les législateurs appelleront par la suite l'équilibre entre la vie professionnelle et la vie privée des femmes, en mettant en avant la contribution des femmes à la société française du fait du travail domestique non rémunéré qu'elles effectuent, qualifié de « développement des activités productrices ». Cette politique familiariste et nataliste, qui légitime mais également renforce la

[13] Sénat, séance, 4 juin 1975, p. 1241.

[14] *Ibid.*

division des rôles de genre, se poursuit d'ailleurs jusqu'en 1981 selon Delphine Chauffaut et Sandrine Lévêque, qui ont analysé l'ensemble des débats parlementaires en matière de conciliation entre vie familiale et vie professionnelle de 1965 à 2010[15]. Toutefois, cela ne veut pas dire que l'effectivité de la loi française est pleine et entière. Cette dernière est en effet taxée de « révolutionnaire… ou inutile »[16] du fait de n'être assortie d'aucune sanction contre les chefs d'entreprise ne respectant pas ses dispositions.

D'un point de vue discursif – qui engendre nécessairement des conséquences matérielles – le droit français se distingue également du régime britannique en ce qu'il ne nomme pas initialement les situations rencontrées par les femmes au travail de « discrimination »[17]. Comme le note Éric Fassin, il faut attendre la fin des années 1990 et les débats sur la parité pour que « le lexique des discriminations, impensable quelques années plus tôt [devienne] pensable, mieux, […] s'impose désormais comme une évidence »[18], un changement de paradigme qui implique toutefois selon Laure Bereni et Vincent-Arnaud Chappe que « si le principe de non-discrimination est couramment mobilisé par les acteurs sociaux dans le but de délégitimer des traitements inégaux à l'extérieur ou à la marge des relations de marché, sur le plan juridique, cette mobilisation demeure ineffective en dehors de ce périmètre »[19]. Au contraire, la législation britannique se fonde dès ses origines sur le concept de discrimination, ce qu'analyse Linda Dickens comme une individualisation de la problématique des inégalités femmes/hommes, justifiant à terme l'absence d'obligations positives pour les organismes publics d'adoption des mesures proactives de promotion de l'égalité[20].

3. Variations dans le champ d'application des lois sur l'égalité hommes/femmes

Un premier élément qui distingue fondamentalement le droit français des régimes juridiques britannique et européen réside dans sa division de la modalité

[15] Chauffaut D. et Lévêque S. (2022), « Femmes, mères, épouses et travailleuses : les représentations parlementaires des rôles sexués au travers des débats sur les politiques de conciliation (1965-2010) », *Revue française des affaires sociales*, pp. 12-31.

[16] J. Laufer (2014), *L'égalité professionnelle entre les femmes et les hommes*, La Découverte, p. 24, citée par Fondimare E. (2018), *L'impossible indifférenciation : le principe d'égalité dans ses rapports à la différence des sexes*, thèse, université Paris-Nanterre, p. 40.

[17] Au contraire de la discrimination sur le fondement de l'origine ethnique et raciale, nommée comme telle dès la loi n° 72-546 du 1er juillet 1972 relative à la lutte contre le racisme.

[18] Fassin É. (2008), *Actualité des discriminations, introduction à discriminations : pratiques, savoirs, politiques*, La Documentation française. *A contrario*, pour une critique du caractère individualiste de l'intégration de l'approche en termes de discrimination en droit français : Lochak D. (2004), « La notion de discrimination », *Confluences Méditerranée*, vol. 48, pp. 13-23.

[19] Bereni L. et Chappe V.-A. (2011), « La discrimination, de la qualification juridique à l'outil sociologique », *Politix*, n° 94, p. 12.

[20] Dickens L. (2007), « The Road is Long : Thirty Years of Equality Legislation in Britain », *British Journal of Industrial Relations*.

du droit antidiscriminatoire entre plusieurs sous-champs juridiques – en particulier le droit pénal, le droit social, et le droit administratif –, phénomène qualifié par Robin Médard-Inghilterra de fragmentation[21]. En droit pénal en particulier, la loi du 11 juillet 1975 prévoit une peine d'emprisonnement et une amende à l'encontre de « tout dépositaire de l'autorité publique ou citoyen chargé d'un ministère de service public qui [...] aura refusé sciemment le bénéfice d'un droit auquel elle pouvait prétendre »[22], ainsi que la fourniture d'un bien ou d'un service[23], en raison de son « sexe » ou de sa « situation de famille ». Au contraire, le droit britannique établit un régime unifié gouverné seulement par le droit du travail, avec ainsi un seul juge compétent : l'*Industrial Tribunal*, remplacé en 1998 par l'*Employment Tribunal*. En découle un certain nombre de conséquences pour les justiciables, notamment en matière de sécurité juridique.

Un second élément à relever dans les portées des normes examinées, qui distingue les trois régimes juridiques étudiés, porte sur la relation entre grossesse et discrimination sur le fondement du genre. En effet, l'article 2 de la loi française du 11 juillet 1975 spécifie que « l'employeur ne doit pas prendre en considération l'état de grossesse d'une femme pour refuser de l'embaucher, résilier son contrat de travail au cours d'une période d'essai ou [...] prononcer une mutation ». Toutefois, cette spécificité française a pour conséquence pour Elsa Fondimare « de ne protéger des discriminations qu'une catégorie de travailleuses : celles qui remplissent la fonction sociale dévolue traditionnellement aux femmes, la maternité »[24]. Il est cependant notable que les articles 3 et 4 de cette même loi interdisent également aux employeurs de rechercher des informations sur la grossesse d'une salariée ou d'une femme candidate à un emploi, ce qui est un premier pas vers la lutte contre les discriminations subies par toutes les femmes en âge d'enfanter. L'adoption d'une approche véritablement transversale de lutte contre les inégalités au travail pour les femmes non enceintes se fera néanmoins sur l'impulsion du droit européen, via la transposition de la directive n° 76/207 par les lois *Auroux* de 1982 et *Roudy* de 1983, qui toutes deux se départissent d'une approche limitée à la grossesse et à la maternité. En effet, si le traité de Rome se limite à son article 119 prévoyant le principe d'égalité de rémunération entre travailleuses et travailleurs, l'accroissement des normes de droit secondaire au cours des années 1970 et 1980 en matière d'égalité de traitement prohibera quasiment l'ensemble des inégalités de genre au travail, incluant dès lors les inégalités à l'encontre des femmes enceintes et en congé maternité, les institutions européennes (et notamment la Commission) considérant qu'une véritable égalité

[21] Medard Inghilterra R. (2019), « Fragmentation et défragmentation du droit antidiscriminatoire », *Revue des droits de l'homme*, n° 15.

[22] C. pén., art. 187-1.

[23] C. pén., art. 416.

[24] Fondimare E. (2018), *L'impossible indifférenciation : le principe d'égalité dans ses rapports à la différence des sexes*, thèse, université Paris-Nanterre, p. 243.

au travail nécessite une répartition du travail domestique non rémunéré[25]. Au contraire, le droit britannique est d'un silence assourdissant sur la question de la grossesse et de la maternité, tant au cours des débats parlementaires que dans la lettre de la loi. Il faut en effet attendre un arrêt de la CJUE pour que les juridictions britanniques reconnaissent les discriminations à l'encontre des femmes enceintes comme étant effectivement des discriminations indirectes sur le fondement du genre[26]. Ce silence originel du droit s'inscrit clairement dans la manière dont Elizabeth Homans analyse de manière plus large la logique interne au droit britannique antidiscriminatoire, perçue comme ayant permis un glissement d'une logique de protection des femmes basée sur la dichotomie entre l'homme pourvoyeur et la femme au foyer (*male breadwinner and female housemaker*), à une logique néolibérale explicitement neutre sur le plan du genre et fondée sur l'idée que les femmes avaient le droit à une égalité de traitement sur le marché du travail, à hauteur de leur mérite[27].

En matière de mesures de discriminations positives, la loi française est muette, quand une tentative de reconnaître ces instruments comme permettant d'atteindre l'égalité femmes/hommes peut être notée en droits britannique et européen. À ce titre, les sections 47 et 48 du *Sex Discrimination Act* 1975 prévoient la possibilité d'adopter des actions positives en matière de formation professionnelle, afin d'aider les femmes à développer les compétences nécessaires « pour qu'elles soient capables de réaliser le travail » dans lequel les femmes sont sous-représentées, ou pour les encourager à « profiter des opportunités pour réaliser ce travail (*encouraging women only, or men only, to take advantage of opportunities for doing that work*) ». De la même manière, la directive n° 76/207 permet l'adoption de mesures d'actions positives « visant à promouvoir l'égalité des chances entre hommes et femmes, en particulier en remédiant aux inégalités de fait qui affectent les chances des femmes ». En droit français, il faut attendre la loi dite *Yvette Roudy* du 13 juillet 1983 transposant les dispositions communautaires en ouvrant la voie à l'adoption de « mesures de rattrapage pour remédier aux inégalités de fait »[28].

Enfin, le *Sex Discrimination Act* établit l'*Equal Opportunities Commission* (EOC), en charge de mettre en œuvre l'instrument juridique et plus largement de

---

[25] Pour une présentation de l'ensemble de ces politiques publiques, v. en particulier l'ouvrage de E. Caracciolo di Torella et A. Masselot (2020), *Caring responsibilities in European law and policy : who cares?*, Routledge.
[26] CJCE, 8 nov. 1990, n° C-177/88, *Dekker*, qui sera ensuite mobilisé devant les juridictions britanniques qui reconnaitront elles-mêmes en 1992 la solution juridique développée par la CJUE. V. sur ce point : Wintemute R. (1998), *When is Pregnancy Discrimination Indirect Sex Discrimination,* 27 Indus LJ 23.
[27] C'est l'argument développé par Elizabeth Homans dans sa thèse de doctorat (2015), *Visions of equality – Women's rights and political change in 1970s Britain*, Bangor University.
[28] Pour une analyse détaillée des dispositions de la loi *Roudy* en matière d'action positive, v. Junter-Loiseau A. (1995), « La loi française relative à l'égalité professionnelle : au-delà des apparences », *Nouvelles Questions Féministes*, vol. 16, n° 1, pp. 66-82. Pour une analyse des débats parlementaires relatifs à la loi *Roudy* en matière d'action positive, v. Charpentier L. (1993), « Le dilemme de l'action positive », *EUI Working Paper SPS*, n° 93/6.

promouvoir l'égalité entre femmes et hommes. En comparaison, son homonyme français la Haute Autorité de lutte contre les discriminations et pour l'égalité (HALDE) ne naît qu'en 2005, sur contrainte européenne via la nécessaire transposition de la directive européenne n° 2000/43/CE relative à la mise en œuvre du principe de l'égalité de traitement entre les personnes sans distinction de race ou d'origine ethnique. L'EOC britannique a joué un rôle considérable dans « l'élimination des discriminations »[29] et son rôle dans certains enjeux spécifiques de l'égalité de genre, comme les discriminations contre les travailleuses enceintes ou à temps partiel, est bien documenté. En particulier, au cours des années 1980 et 1990, l'EOC a eu une politique de *strategic litigation* (contentieux stratégique) particulièrement active[30], permettant la reconnaissance, via les juridictions britanniques et européennes, de la mise en œuvre du droit européen alors non respectée par le droit britannique. Cet organe jouera un rôle clé dans la mise en œuvre du droit antidiscriminatoire au Royaume-Uni, qui doit nécessairement être contrasté avec celui, bien moindre, de son homologue français le Défenseur des droits, d'une part en raison de l'absence de spécialisation de ce dernier sur la question des discriminations femmes/hommes, mais plus globalement car le Défenseur des droits est créé en 2011, dans un contexte législatif et contentieux tout autre.

4. Variations dans les résistances discursives et matérielles contre l'égalité femmes/hommes

Enfin, des variations dans les modalités de résistance contre la mise en œuvre pleine et entière du droit antidiscriminatoire peuvent être constatées, sans pour autant nier certaines similitudes liées aux « risques » que pourrait entraîner l'adoption des normes mentionnées. En particulier, revient tant dans le cas britannique que français la crainte des parlementaires de voir dans les législations un potentiel dissuasif pour les employeurs, qui pourraient être tentés de ne plus embaucher de travailleuses pour des raisons de nature économique. De même, le trope de « l'homme sage-femme » est par exemple mobilisé dans les deux contextes, les parlementaires et médias tant britanniques que français mettant régulièrement en avant la situation juridique des hommes travaillant dans le domaine de la maïeutique, « discriminés » par un environnement de travail dominé par des femmes. Au Royaume-Uni, ce « cas » de discrimination à l'encontre des hommes a été utilisé à plusieurs reprises dans les deux chambres et

---

[29] *Sex Discrimination Act*, 1975, part. IV.

[30] Vanhala L. (2009), « Anti-discrimination policy actors and their use of litigation strategies : the influence of identity politics », *Journal of European Public Policy*, n° 16(5), pp. 738-754. Des mêmes politiques de *strategic litigation* peuvent être soutenues par des organismes de promotion de l'égalité de droit continental, comme dans le cas belge analysé par Lejeune A. et Orianne J. (2014), « Choisir des cas exemplaires : la *Strategic litigation* face aux discriminations », *Déviance et Société*, vol. 38, pp. 55-76.

dans les médias[31], conduisant un Lord à suggérer que « les sages-femmes masculins pourraient devenir une plateforme majeure dans le manifeste électoral du parti libéral »[32], mais également des infirmiers à « protester pour être autorisés à exercer en tant que sages-femmes dans les hôpitaux »[33].

Néanmoins, les raisons avancées par les parlementaires pour justifier l'absence de bien-fondé des futures législations ne sont pas toujours aussi similaires. Des variations s'observent dans les rhétoriques sur lesquelles se fondent les oppositions parlementaires. En France, sont mis en avant les aspects « psychologiques, sociologiques, familiaux et même pathologiques » du travail féminin[34], qui peut avoir des conséquences néfastes sur le développement émotionnel et psychologique des enfants, conduisant le sénateur Jacques Henriet à trouver « inadmissible que [...] les mères de famille en arrivent à l'obligation de participer à l'équilibre de notre produit national brut plutôt que de se consacrer à cette plus noble tâche qui est celle d'élever leurs enfants »[35], ainsi qu'à pallier « la frustration affective dont [les hommes] peuvent être les objets »[36]. Au Royaume-Uni, les parlementaires semblent plus enclins à évoquer l'absence de discrimination subie par les femmes sur le marché du travail. Comme le note le député conservateur Ronald Bell, « il n'y a aucun obstacle légal empêchant les femmes de faire ce qu'elles veulent ou de devenir ce qu'elles souhaitent. Tout le discours sur les droits des femmes est totalement trompeur, mal conçu et hors de propos. [...] Depuis 56 ans, il n'y a eu aucune restriction légale quant à ce que les femmes pouvaient faire. Il n'existe aucun droit légal qui puisse leur être accordé. [...] Que peut faire la loi lorsqu'aucun obstacle légal n'existe ? »[37]

Enfin, à la suite de l'adoption des législations, des mobilisations individuelles et collectives agissent également comme moyen de résistance. Au Royaume-Uni, des travaux mettent en lumière le caractère collectif plutôt qu'individuel de certains hommes opposés à une conception substantielle de l'égalité femmes/hommes. En particulier, nous avons identifié deux groupes d'hommes ayant lutté par le droit, et contre les droits des femmes, dans la manière dont le *Sex Discrimination Act* a été mis en œuvre. L'un d'entre eux, l'*Equality Squad* au motto « Equality : yes ! Feminism : no ! », obtenait ainsi devant le tribunal des prud'hommes de Leicester l'annulation dans l'ensemble du comté d'un horaire d'ouverture des bibliothèques limité aux femmes, visant à y accroître la présence des fillettes de confession musulmane orthodoxe. Un second groupe, CESPA (*Campaign for the Equal State Pension Age* – campagne pour un âge d'accès à la

---

31 Parmi de nombreux exemples, v. : Clark P. (17 Apr. 1969), « Where men seek equality », *The Guardian* ; by Holmes P. et Nightingale F. (7 Apr. 1972), « Esq : new deal for men in a woman's world », *The Leicester Chronicle*, p. 14.

32 HL Deb, 14 Nov. 1973, vol. 365, col. 668.

33 HC Deb, 2 Febr. 1973, vol. 849, col.1861.

34 JO Sénat, 13 déc. 1993, p. 2861, obs. Henriet J.

35 *Ibid.*

36 *Ibid.*

37 HC Deb, 26 March 1975, vol. 889, col. 588.

retraite égal), obtenait des autorités britanniques l'annulation d'un certain nombre de mesures de discrimination dite positive alors accordées aux femmes, ainsi que l'égalisation de l'âge de l'accès à la retraite à 65 ans pour les femmes et les hommes. Ces deux groupes se caractérisent par leur objectif d'obtenir des droits pour les hommes britanniques en invoquant le *Sex Discrimination Act* de 1975. Ils se fondent notamment sur le principe de l'égalité de traitement des travailleuses et travailleurs, ainsi que sur l'interdiction des discriminations dans le cadre de fourniture de services pour obtenir d'une part l'égalisation de l'âge d'accès à la retraite, ainsi que l'interdiction d'espace de non-mixité. En outre, CESPA se saisit très vite de l'Union européenne comme terrain de lobbying et de mobilisation juridique[38]. En France, les résistances à l'égalité de genre ne semblent pas avoir suivi une même approche collective. Si de tels groupes existent en matière de contestation de droit à l'avortement et de droits LGBT[39], ou encore se sont formés autour des droits des pères[40], des recherches complémentaires doivent être menées afin de conclure effectivement à l'absence d'homologues français en matière de droit antidiscriminatoire.

Toutefois, la présence d'un mouvement de ressac à la fin des années 1980 est également documentée, en matière de droit des femmes au travail. En effet, à la révolution juridique que représente l'adoption de la loi *Yvette Roudy* en ce qu'elle permet l'adoption de mesures de discriminations positives, « la décennie qui suit correspond à une période de *backlash* généralisé pour les institutions de promotion des droits des femmes et le mouvement féministe », rappelle Chantal Maillé[41]. Ce mouvement de ressac a notamment un effet : la tentative par des hommes d'élargir aux hommes certaines dispositions de la loi *Yvette Roudy* ou bien de mesures adoptées sur ce fondement. À ce titre, les arrêts *Griesmar*[42] et *Leone*[43], rendus par le Conseil d'État à la suite de questions préjudicielles devant la CJUE, sont particulièrement éclairants. Après avoir considéré dans l'arrêt *Griesmar* que la législation française, permettant aux femmes fonctionnaires de bénéficier d'une bonification de service pour chacun de leurs enfants pour le calcul de leur pension, violait le principe de l'égalité de rémunération en excluant du droit au crédit de service les fonctionnaires masculins qui avaient élevé leurs enfants et se trouvaient donc dans une situation similaire, la législation française est révisée pour s'appliquer à l'ensemble des parents « à la condition que l'intéressé puisse justifier, pour chaque enfant, d'une interruption d'activité d'une

38 Ayada S. (2023), « Five Angry Men », *Journal of Law and Society*.

39 Stambolis-Ruhstorfer M. et Tricou J. (2018), « La lutte contre la "théorie du genre" en France : pivot d'une mobilisation religieuse dans un pays sécularisé », *in* Kuhar R. et Paternotte D. (eds), *Campagnes anti-genre en Europe*, Presses universitaires de Lyon.

40 Fillod-Chabaud A. (2022), *Au nom du père. Sociologie des mobilisations de pères séparés*, ENS Éditions.

41 Dans sa recension de Dauphin S. (2010), *L'État et les droits des femmes. Des institutions au service de l'égalité ?*, Presses de l'université de Rennes, Archives du féminisme, 136 p.

42 CJCE, 29 nov. 2001, n° C-366/99, *Griesmar*.

43 CJUE, 17 juil. 2014, n° C-173/13, *Leone*.

durée continue au moins égale à deux mois intervenue dans le cadre d'un congé de maternité, d'un congé de paternité, d'un congé d'adoption, d'un congé parental ou d'un congé de présence parentale ou d'une disponibilité pour élever un enfant de moins de huit ans »[44]. Cette nouvelle disposition est également examinée dans l'affaire *Leone* par la Cour européenne, qui juge une nouvelle fois les dispositions françaises discriminatoires, mais indirectement cette fois, car « les modalités auxquelles celles-ci subordonnent ainsi l'octroi de l'avantage en cause au principal sont en l'occurrence de nature à conduire à ce qu'un pourcentage beaucoup plus élevé de femmes que d'hommes bénéficie de celui-ci »[45]. Finalement, à la suite de ces deux jugements, la possibilité d'adopter des mesures de discrimination positive pour les femmes sans entraver le droit des hommes à ne pas être discriminés sur le fondement de leur sexe reste mince.

Conclusion

En partant d'une conclusion similaire – les inégalités professionnelles entre femmes et hommes subsistent malgré l'adoption d'un corpus législatif toujours plus robuste – cet article offrait d'étudier les différences dans les genèses des premières normes antidiscriminatoires britannique et française. En étudiant trois formes de variation, dans les modalités d'adoption, dans le champ d'application, et dans les résistances, cet article retrace les histoires parallèles mais bien distinctes de ces normes. Mais quelle conclusion tirer d'une telle analyse comparée, si ce n'est celle des limites du droit dans la lutte pour l'égalité ? Car dans les deux régimes juridiques, de mêmes obstacles à l'achèvement d'une égalité réelle s'observent : l'absence de prise en compte des discriminations intersectionnelles, la difficulté de mettre en œuvre une politique ambitieuse de mesures d'actions positives, ou encore la complexité de la preuve de la discrimination. Alors peut-être, comme l'analysait déjà Wendy Brown dans les années 1990, le droit antidiscriminatoire représente-t-il une compromission des mouvements d'émancipation, reproduisant finalement les limites à l'égalité qu'il vise à abolir.

Bibliographie

Ayada S. (2023), « Five Angry Men », *Journal of Law and Society*.

Bereni L. et Chappe V.-A. (2011), « La discrimination, de la qualification juridique à l'outil sociologique », *Politix*, n° 94, p. 12.

Chauffaut D. et Lévêque S. (2022), « Femmes, mères, épouses et travailleuses : les représentations parlementaires des rôles sexués au travers des débats sur les

[44] CJUE, 17 juil. 2014, n° C-173/13, *Leone*, § 82.
[45] CJUE, 17 juil. 2014, n° C-173/13, *Leone*, § 86.

politiques de conciliation (1965-2010) », *Revue française des affaires sociales*, pp. 12-31.
Dickens L. (2007), « The Road is Long : Thirty Years of Equality Legislation in Britain », *British Journal of Industrial Relations.*
Fassin É. (2008), *Actualité des discriminations, introduction à discriminations : pratiques, savoirs, politiques*, La Documentation française.
Fondimare E. (2018), *L'impossible indifférenciation : le principe d'égalité dans ses rapports à la différence des sexes*, thèse, université Paris-Nanterre, p. 243
Guillaume C. (2013), « La mobilisation des syndicats anglais en faveur de l'égalité salariale (1968-2012) », *Travail, Genre et Société*, 2013/2, p. 6.
Guillaume C. (2015), « "Understanding the Variations of Unions" Litigation Strategies to Promote Equal Pay : Reflection on the British Case », *Cambridge Journal of Economics*, n° 363.
Guillaume C. et Chappe V.-A. (2022), "Mobilizing anti-discrimination law : the litigation strategies of UK and French trade unions compared", *Journal of Law and Society*.
Geddes A. et Guiraudon V. (2005), « 4 : La construction d'un paradigme européen de lutte contre les discriminations ethniques à partir de modèles nationaux contrastés : une comparaison franco-britannique », *in* Arnaud L. (2005), *Les minorités ethniques dans l'Union européenne*, La Découverte, Recherches, pp. 67-86.
Haguenau-Moizard C. (2018), *Introduction au droit comparé*, Dalloz, Séquences, 305 p.
Homans E. (2015), *Visions of equality - Women's rights and political change in 1970s Britain*, Bangor University.
Jönsson A. et Morel N. (2006), « Égalité des sexes et conciliation vie familiale-vie professionnelle en Europe. Une comparaison des politiques menées en France, en Suède et au Royaume-Uni », *Politique européenne*, n° 20, pp. 121-139.
Junter A. et Ressort C. (juill. 2010), « La discrimination sexiste : les regards du droit », *Revue de l'OFCE.*
Laufer J. (2014), *L'égalité professionnelle entre les femmes et les hommes*, La Découverte.
Legrand P. (dir.) (2009), *Comparer les droits, résolument*, PUF, pp. 123-146.
Lejeune A. et Orianne J. (2014), « Choisir des cas exemplaires : la *Strategic litigation* face aux discriminations », *Déviance et Société*, n° 38, pp. 55-76.
Fillod-Chabaud A. (2022), *Au nom du père. Sociologie des mobilisations de pères séparés*, ENS Éditions.
Lochak D. (2004), « La notion de discrimination », *Confluences Méditerranée*, vol. 48, pp. 13-23 ;
Mathieu-Izorche M.-L. (2009), « Approches épistémologiques de la comparaison des droits », *in* Legrand P. (dir.), *Comparer les droits, résolument*, PUF, pp. 123-146.

Medard Inghilterra R. (2019), « Fragmentation et défragmentation du droit antidiscriminatoire », *Revue des droits de l'homme*, n° 15.

Stambolis-Ruhstorfer M. et Tricou J. (2018), « La lutte contre la "théorie du genre" en France : pivot d'une mobilisation religieuse dans un pays sécularisé », *in* Kuhar R. et Paternotte D. (eds), *Campagnes anti-genre en Europe*, Presses universitaires de Lyon.

Vanhala L. (2009), « Anti-discrimination policy actors and their use of litigation strategies : the influence of identity politics », *Journal of European Public Policy*, n° 16(5), pp. 738-754.

Wintemute R. (1998), *When is Pregnancy Discrimination Indirect Sex Discrimination*, 27 Indus LJ 23.

« LE TROPE DE “L’HOMME SAGE-FEMME” EST PAR EXEMPLE MOBILISÉ DANS LES DEUX CONTEXTES, LES PARLEMENTAIRES ET MÉDIAS TANT BRITANNIQUES QUE FRANÇAIS METTANT RÉGULIÈREMENT EN AVANT LA SITUATION JURIDIQUE DES HOMMES TRAVAILLANT DANS LE DOMAINE DE LA MAÏEUTIQUE, “DISCRIMINÉS” PAR UN ENVIRONNEMENT DE TRAVAIL DOMINÉ PAR DES FEMMES. »

Sophia Ayada

L'INTERDICTION À GÉOMÉTRIE VARIABLE DES DISCRIMINATIONS FONDÉES SUR L'ÂGE

CLÉMENT LANIER

***Clément Lanier**, doctorant contractuel en droit public à l'université Paris-Nanterre, CTAD-CREDOF (UMR 7014).*
clanier@parisnanterre.fr

Résumé : À première lecture, l'âge est un critère prohibé de discrimination comme les autres. Néanmoins, derrière les apparences, un examen attentif montre que l'interdiction d'opérer une différence de traitement fondée sur l'âge apparaît en réalité moins ferme que pour d'autres critères. Se dessine alors une variation interne du droit de la non-discrimination, qu'illustre le critère de l'âge. D'une part en effet, l'âge est un critère ambivalent, dont on ne sait précisément qui il protège ; d'autre part, la portée de l'interdiction de discriminer selon l'âge est variable et admet de nombreuses exceptions.

Mots-clés : Âge ; Principe de non-discrimination ; Exception ; Arrêt *Mangold* ; Âgisme ; CJUE ; Directive n° 2000/78/CE

Introduction

Si « la "jeunesse" n'est qu'un mot » (Bourdieu, 1978), le vieillissement de la population semble, quant à lui, être une réalité. La Commission européenne s'en est inquiétée, au regard de la soutenabilité des modèles sociaux des États membres : elle observe que « l'Europe est incontestablement en train de grisonner »[1]. Ce constat peut toutefois être étendu au-delà de la sphère économique pour interroger la place grandissante des personnes âgées et le regard porté par la société sur ces derniers (v. Bourdaire-Mignot et Gründler, 2020). « Les vieux » ont en effet en commun « l'expérience de préjugés d'un autre groupe d'âge, (…) l'expérience subjective sous-entendue dans la notion populaire du fossé générationnel » (Butler, 1969).

Une interdiction d'opérer des discriminations en raison de l'âge a été édictée, afin d'éviter que ces préjugés ne deviennent des différences de traitements « défavorable[s], injustifié[es] et illicite[s] » (Miné, 2021). Cette interdiction vaut

[1] Commission européenne (2015), The 2015 Ageing Report : Economic and budgetary projections for the 28 EU Member States (2013-2060), Office des publications de l'Union européenne.

dans de nombreux domaines. En droit du travail, la question de l'âge est d'ailleurs consubstantielle : cette branche du droit est née de l'interdiction du travail industriel des enfants de moins de 12 ans, en 1874[2]. L'interdiction des discriminations fondées sur l'âge à proprement parler est cependant plus récente. La loi de 1987 est ainsi la première à considérer l'âge comme un critère prohibé de discrimination en matière d'emploi[3]. Cette interdiction des discriminations fondées sur l'âge, toujours en vigueur[4], s'est depuis étendue au droit de la fonction publique[5] et fait l'objet d'une incrimination pénale[6].

L'intégration de l'âge à la liste des motifs prohibés de discrimination a principalement été permise grâce au droit de l'Union européenne (UE). Dès le traité d'Amsterdam en 1997, l'article 6, a, du traité sur l'Union européenne prévoit la possibilité pour le Conseil de « prendre les mesures nécessaires en vue de combattre toute discrimination » notamment fondée sur l'âge. Sur la base de cette dernière disposition, la directive dite *Emploi* de 2000[7] instaure un cadre général visant à lutter contre les discriminations, notamment en raison de l'âge dans le cadre de l'emploi. L'interdiction de telles discriminations a en outre été consacrée comme principe général du droit de l'Union européenne par la Cour de justice (CJUE)[8]. Aujourd'hui encore, le droit de l'Union européenne constitue une source majeure du droit de la non-discrimination, d'autant plus s'agissant du critère de l'âge. Son étude permet ainsi de mieux comprendre la situation française.

Or si l'interdiction des discriminations fondées sur l'âge semble clairement posée en droit européen, une analyse plus approfondie invite à davantage de prudence. En effet, l'âge fait l'objet d'une appréhension juridique particulière. Cela est particulièrement visible si l'on s'intéresse aux exceptions à l'interdiction de principe, c'est-à-dire aux cas dans lesquels une différence de traitement n'est pas proscrite.

L'âge témoigne alors de variations internes au droit de la non-discrimination, contrairement à l'opinion répandue voyant dans la multiplication des critères une simple extension de règles déjà en vigueur. La vigueur du principe – ne pas discriminer – diffère en effet selon les motifs prohibés, et paraît particulièrement faible s'agissant de l'âge.

Une double spécificité permet de considérer l'âge comme un critère à part au sein de la liste de motifs prohibés. D'une part, le critère en lui-même apparaît variable : le groupe social protégé n'est pas clairement identifié et diffère selon

---

[2] Plusieurs auteurs voient en effet dans la loi du 19 mai 1874 sur le travail des enfants et des filles mineures employés dans l'industrie la naissance du droit du travail (v. Amauger-Lattes, 2007).

[3] L. n° 87-588, 30 juill. 1987, portant diverses mesures d'ordre social.

[4] C. trav., art. L. 1132-1.

[5] CGFP, art. L. 131-1.

[6] C. pén., art. 225-1.

[7] Cons., dir. n° 2000/78/CE, 27 nov. 2000, portant création d'un cadre général en faveur de l'égalité de traitement en matière d'emploi et de travail.

[8] CJCE, 22 nov. 2005, n° C-144/04, *Werner Mangold c/ Rüdiger Helm.*

les cas (1). D'autre part, la protection offerte par le droit de la non-discrimination varie et semble moindre que pour d'autres critères (2).

1. La variabilité du champ *ratione personae* du principe de non-discrimination fondée sur l'âge

La question de la détermination du groupe protégé par l'introduction d'un critère d'âge ne trouve aucune réponse évidente. C'est en effet pour des raisons économiques que ce critère a été introduit, dans un contexte de vieillissement de la population, sans que cela permette d'identifier clairement les différences de traitement concernées (1). Aujourd'hui, en dépit d'une jurisprudence qui ne cesse de s'étoffer, la signification du critère de l'âge au sens du droit de la non-discrimination demeure obscure et interroge même sur la légitimité de ce motif au regard des autres (2).

1.1 L'introduction avant tout économique du critère d'âge

En droit de l'UE, l'âge devient un motif prohibé de discrimination en 2000, avec la directive *Emploi*. Cette directive est adoptée, d'après ses considérants, pour deux raisons. En premier lieu, elle entend promouvoir et protéger l'égalité, considérée comme un droit fondamental duquel découle la protection contre les discriminations ; la directive s'inscrit alors dans la continuité de plusieurs instruments de protection internationale des droits de l'Homme[9]. La seconde raison est économique : les discriminations dans le domaine de l'emploi sont autant d'obstacles à la réalisation des objectifs de l'Union européenne, en particulier à l'instauration d'un marché unique[10].

S'agissant du critère de l'âge en particulier, cette dernière raison apparaît toutefois prépondérante. La directive est en effet élaborée alors que la population européenne est vieillissante. Les États sont confrontés à la fois à une baisse de la part active de la population, donc des cotisations sociales, et à un allongement de la durée de vie des individus, se traduisant par une augmentation des dépenses liées à leurs pensions de retraite et besoins de santé. Cette évolution démographique suscite donc, déjà à l'époque, des craintes quant à la pérennité du système de protection sociale et l'avenir des économies des États membres (Horton, 2019 ; Kaya, 2020). Le chômage « des seniors » devient dès lors une préoccupation majeure (Le Garrec et Touzé, 2023), d'autant plus que plusieurs États choisissent de repousser l'âge légal de départ à la retraite ou d'augmenter la durée requise de cotisation (Numhauser-Henning *et al.*, 2017). Dans ce contexte, les discriminations en raison de l'âge constituent un obstacle à la pleine inclusion des travailleurs âgés au marché de l'emploi. La Commission européenne ne s'y est d'ailleurs pas trompée, en rappelant dans l'exposé des motifs du projet initial de directive, que « compte tenu de l'évolution démographique, il importe d'assurer

---

[9] Cons., dir. n° 2000/78/CE, 27 nov. 2000, cons. 4 à 6.
[10] Cons., dir. n° 2000/78/CE, 27 nov. 2000, cons. 7 à 12..

l'emploi d'un pourcentage aussi élevé que possible de personnes d'âge actif »[11]. Elle relève par ailleurs que les principales différences de traitement identifiées[12] « touchent particulièrement les travailleurs âgés ». Il apparaît donc clairement que le critère de l'âge a été introduit au sein de la directive *Emploi* par des considérations d'ordre économique. Il s'agit donc, malgré un souci manifeste de protéger les travailleurs les plus âgés, « de tout autre chose que du triomphe de la non-discrimination » (Lyon-Caen, 2003).

La crise économique de 2008 a contraint l'Union européenne à porter une attention sur une autre classe d'âge : les travailleurs jeunes. En effet, leur taux de chômage a augmenté de manière importante à cette période[13]. Cela inquiète particulièrement la Commission qui craint un retard par rapport à ses concurrents états-uniens et japonais[14]. Les jeunes apparaissent donc comme une nouvelle population vulnérable sur le marché de l'emploi, nécessitant une stratégie spécifique. Les dispositions anti-discriminatoires sont alors mobilisées, parmi d'autres, dans le cadre de cette stratégie visant à une solidarité intergénérationnelle (Numhauser-Henning *et al.*, 2017).

Les considérations économiques qui ont commandé l'introduction de l'âge parmi les critères prohibés de discrimination semblent nous conduire à considérer que ce sont les travailleurs âgés et, plus récemment, jeunes, que la directive entend protéger. Néanmoins, le recours à la notion d'*âge* de manière générale doit inciter à davantage de prudence, tant sa signification est équivoque.

1.2. La difficile identification de la signification du critère de l'âge

Prima facie, définir la notion d'*âge* semble simple : cela renvoie à la « durée de la vie écoulée depuis la naissance jusqu'à la date considérée »[15] et s'exprimerait donc en années. Il désigne ainsi un « marqueur biologique du temps qui passe » (Mercat-Bruns, 2021). En réalité, l'âge semble en premier lieu servir de *proxy* pour permettre d'appréhender le processus biologique de vieillissement, « processus multifactoriel complexe » (Lafon, 2008), dont les causes sont difficilement identifiables (de Jaeger et Cherin, 2011 ; Lang *et al.*, 2013) mais semblent à la fois endogènes et exogènes au corps humain. Quant aux effets du vieillissement, ils se traduisent par des altérations de la santé, tant sur le plan physique que mental. L'OMS (Organisation mondiale de la santé) relève toutefois

---

[11] Commission européenne, Proposition de directive du Conseil portant création d'un cadre général en faveur de l'égalité de traitement en matière d'emploi et de travail – Exposé des motifs, COM/1999/565 : JOUE n° C 177 E, 27 juin 2000, pp. 42-46.

[12] Perte d'emploi, discrimination lors du recrutement, exclusion des mesures spéciales pour les chômeurs, exclusion de la formation et discrimination lors du départ en retraite.

[13] Entre 2008 et 2013 par exemple, la part de 20-29 ans ayant un emploi diminue de plus de sept points (Eurostat).

[14] V. Commission européenne, Europe 2020 : Une stratégie pour une croissance intelligente, durable et inclusive, 2010, n° COM/2010/2020

[15] *Trésor de la langue française informatisé* (TLFI).

que celles-ci « ne sont ni linéaires ni constantes, et elles ne sont que vaguement associées à l'âge »[16].

L'âge est devenu un critère de classement usuel dans divers champs du monde social. Son institutionnalisation conduit d'ailleurs à faire de l'âge un principe de formation de groupes sociaux[17]. Aux classes d'âges ont été attachées un ensemble de représentations qui sont attribuées à tous les membres de cette classe d'âge et cela sans distinction. Il existerait alors « les vieux », démotivés, davantage enclins au stress, moins productifs en somme ; et « les jeunes », peu motivés et inadaptés (Amauger-Lattes, 2007 ; Fasbender, 2020). Ces stéréotypes – faux et qui reposent sur des idées préconçues sans fondement empirique – sont à la fois la cause et la conséquence des discriminations, dans une sorte de cercle vicieux (Fasbender, 2020). Dès lors, il semble bel et bien exister des populations plus exposées à ces stéréotypes : à savoir les individus perçus comme « jeunes » et ceux perçus comme « vieux », cette perception variant considérablement d'une personne à l'autre (Ennuyer, 2011).

Ces catégories ne sont cependant pas sans poser des difficultés. En effet, elles n'ont pas de définition propre : comme le relève Dupeyroux (2003), « est jeune, en droit, celui qui est traité comme tel, qui fait l'objet de dispositions juridiques spécifiques ». En droit de l'Union européenne, les dispositions qui ciblent « les jeunes » concernent ainsi les personnes entre 15 et 24 ans, mais cela peut aller jusqu'à 29 voire 30 ans (Ter Haar, 2019). S'agissant des travailleurs plus âgés, il semble admis que cette catégorie désigne, de manière imprécise – et fluctuant au gré des réformes – les personnes en fin de carrière : à partir de 60 ans, parfois 55, 50, voire, dans certains cas, 45 ans (Amauger-Lattes, 2007 ; Freedland et Vickers, 2016).

Il apparaît ainsi difficile d'identifier la (ou les) catégorie(s) sociale(s) que chercherait à protéger l'insertion du critère de l'âge dans le droit de la non-discrimination. C'est d'autant plus complexe que l'âge est, à la différence des autres critères[18], en constante évolution et concerne tout un chacun. Nous avons tous été *jeunes*, nous serons tous *vieux* (sauf décès précoce, évidemment).

Cela ne peut qu'interroger quant à la raison des différences de traitement fondées sur l'âge : pourquoi de telles différences sont-elles perçues comme mauvaises, ou « illégitimes » (Lochak, 1987). Il semble pour l'heure difficile de répondre à une telle question, d'autant plus que la motivation de l'interdiction des discriminations, quel que soit le critère, fait l'objet d'un débat doctrinal nourri. Néanmoins, l'absence de groupe social clairement identifié rend l'interdiction

---

[16] OMS (2016), Rapport mondial sur le vieillissement et la santé.

[17] Notons cependant que cette distinction entre âge biologique et âge social est parfois contestée (par exemple, v. Rennes, 2019).

[18] Les autres motifs prohibés sont en effet des caractéristiques pour la plupart immuables (origine, caractéristiques génétiques, orientation sexuelle…) ou ne pouvant connaître que peu de changements au cours d'une vie (sexe, perte d'autonomie, handicap…). En revanche, l'âge d'une personne change, *a minima*, tous les ans.

plus contestée, donc les discriminations fondées sur l'âge davantage « sans doute acceptée[s], voire désirée[s] par l'opinion commune » (Lyon-Caen, 2003). Les avocats généraux sont eux-mêmes enclins à considérer l'âge comme un critère distinct des autres (v. Horton, 2019). D'aucuns estiment même que de telles différences sont souhaitables dans l'optique d'une égalité intergénérationnelle[19]. De là à dire que l'âge serait un sous-critère, ou à tout le moins un critère moins prohibé que les autres, il n'y a qu'un pas, que nous pouvons franchir eu égard à la variabilité de l'*interdit* de discriminer en raison de l'âge.

2. La variabilité du champ *ratione materiae* du principe de non-discrimination fondée sur l'âge

La règle prohibant les discriminations fondées sur l'âge est loin d'être inflexible. Elle peine en effet, contrairement à d'autres critères, à s'appliquer en dehors du champ de l'emploi (2.1). En outre, au sein du domaine de l'emploi, l'âge admet davantage de justifications aux différences de traitements (2.2).

2.1. Un principe difficilement applicable au-delà de l'emploi

Le critère de l'âge est apparu en droit de la non-discrimination, comme expliqué ci-avant, par le prisme des discriminations dans l'emploi. Il apparaît aujourd'hui encore comme cantonné à ce champ. Il s'agit là d'une différence notable avec d'autres critères. S'agissant par exemple du critère de la race ou de l'origine, celui-ci a vocation – en théorie[20] – à s'appliquer non seulement en matière d'emploi, mais également en matière d'éducation, de protection sociale, ou d'accès aux biens et services[21]. De même s'agissant du critère du sexe, la directive n° 2004/113/CE a par exemple étendu l'interdiction à la question de l'accès aux biens et services[22].

La CJUE a élevé en 2005 le principe de non-discrimination en fonction de l'âge au rang de principe général du droit communautaire[23], dont la directive *Emploi* ne serait qu'une concrétisation. Les espoirs étaient donc permis quant à une application de ce principe hors de la sphère professionnelle. La Cour n'a cependant jamais procédé à une telle extension[24]. Les juges de Luxembourg ont même restreint la portée de ce principe. Cela semble pouvoir s'expliquer par la

[19] V. Rachel Horton (2019) qui évoque et réfute de tels arguments.

[20] La jurisprudence apparaît néanmoins plus mitigée (Möschel, 2019).

[21] Cons., dir. n° 2000/43/CE, 29 juin 2000, relative à la mise en œuvre du principe de l'égalité de traitement entre les personnes sans distinction de race ou d'origine ethnique, art. 3.

[22] Cons., dir. n° 2004/113/CE, 13 déc. 2004, mettant en œuvre le principe de l'égalité de traitement entre les femmes et les hommes dans l'accès à des biens et services et la fourniture de biens et services, art. 3.

[23] CJCE, 22 nov. 2005, n° C-144/04, *Mangold*, préc.

[24] Notons cependant que la Cour a pu interpréter parfois extensivement ce qui relevait de cette sphère en considérant, par exemple, que le poste de président d'un syndicat était qualifiable d'emploi (CJUE, 2 juin 2022, n° C-587/20, *Ligebehandlingsnævnet, agissant pour A. c/ HK/ Danmark et HK/Privat*).

réception de l'arrêt *Mangold*, qui, bien que confirmé dans l'arrêt *Kücükdeveci*[25], a été particulièrement critiqué et a suscité une certaine défiance – voire résistance – des juridictions nationales (v. O'Cinneide, 2020). Le principe général de non-discrimination en fonction de l'âge ne peut ainsi être compris comme impliquant « une interdiction de toute discrimination fondée sur l'âge [même] lorsque le comportement éventuellement discriminatoire ne présente aucun lien avec le droit communautaire »[26]. Il ne trouve ainsi à s'appliquer que pour des « situation[s] entr[ant] dans le champ de l'interdiction des discriminations que la directive n° 2000/78 édicte »[27]. Une proposition de directive dite « horizontale » a pourtant été faite par la Commission afin d'étendre l'interdiction des discriminations à d'autres domaines[28]. Son adoption semble aujourd'hui au point mort, malgré l'appui du Parlement européen[29].

Soulignons ici que la situation française peut sembler, de prime abord, plus nuancée : l'âge faisant partie de la liste des critères de l'article 225-1 du Code pénal, il a donc vocation à s'appliquer de manière plus large. Néanmoins, l'effectivité de cette disposition semble perfectible, par exemple en matière de logement (Menduiña Gordón, 2016) ou à propos des personnes âgées dépendantes (Bourdaire-Mignot et Gründler, 2020 ; Mercat-Bruns, 2020).

Il semble donc bien que, contrairement aux autres critères, l'âge soit cantonné au domaine du travail. L'interdiction des discriminations fondées sur celui-ci semble donc, d'un point de vue matériel, faire de l'âge un critère moins prohibé que d'autres. Une analyse de l'application de ce principe dans le domaine de l'emploi confirme cette conclusion.

2.2. La justification facilitée des différences de traitement

L'interdiction des discriminations posée par la directive *Emploi* est moins ferme s'agissant de l'âge. En effet, un certain nombre d'exceptions sont prévues. Ainsi, au même titre que les autres critères, il est possible de justifier une différence de traitement fondée sur l'âge par une exigence professionnelle essentielle et déterminante (article 4) ou par une nécessité tenant à la sécurité publique, à la défense de l'ordre et à la prévention des infractions pénales, à la protection de la santé ou à la protection des droits et libertés d'autrui (article 2). En sus, l'article 6 de la directive prévoit des dérogations supplémentaires, lorsqu'existe un objectif légitime tenant notamment à la politique de l'emploi, au marché du travail ou à la formation professionnelle. Ces possibilités d'opérer une distinction fondée sur l'âge, inapplicables pour d'autres critères que l'âge,

---

[25] CJUE, 19 janv. 2010, n° C-555/07.

[26] CJCE, 23 sept. 2008, n° C-427/06, *Birgit Bartsch c/ Bosch und Siemens Hausgeräte (BSH) Altersfürsorge GmbH*, § 25.

[27] CJUE, 19 avr. 2016, n° C-441/14, *Dansk Industri (DI), agissant pour Ajos A/S Dansk c/ Succession Karsten Eigil Rasmussen*, § 24.

[28] Proposition COM/2008/0426, 2 juill. 2008.

[29] V. par ex., PE, résolution, 19 avr. 2023, n° 2023/2582 (RSP), sur la lutte contre la discrimination dans l'Union européenne – la directive horizontale anti-discrimination tant attendue.

trahissent là encore les considérations économiques présidant l'introduction de ce critère (Numhauser-Henning *et al.*, 2017).

Ce que le texte laisse penser se trouve pleinement confirmé par une analyse de la jurisprudence de la CJUE : les différences de traitement sont plus aisément justifiables lorsqu'elles se fondent sur l'âge. D'une part, la Cour semble admettre que l'âge puisse servir de « critère objectif de vieillissement » (Mercat-Bruns, 2021). Cela semble parfois se traduire par une légitimation de stéréotypes liés à l'âge, ce qui est pourtant refusé s'agissant des autres critères[30]. Par exemple, dans la décision *Kücückdeveci*, les juges de Luxembourg admettent sans le discuter l'argument selon lequel « les jeunes travailleurs réagissent généralement plus aisément et plus rapidement à la perte de leur emploi et qu'il peut être exigé d'eux une flexibilité plus grande »[31]. Autre exemple, dans l'arrêt *Wolf*[32], elle accepte qu'un âge maximum soit fixé à 30 ans pour le recrutement de pompiers professionnels, estimant, en s'appuyant sur les expertises produites par le gouvernement allemand, qu'après 45 à 50 ans, les personnes ne disposent généralement plus de la capacité physique suffisante pour aller sur le terrain. Une telle solution peut étonner d'une part en raison de l'écart entre les deux âges, mais aussi en raison de la généralité de la mesure : la Cour n'envisage par exemple pas que l'aptitude d'une personne puisse être déterminée par d'autres indicateurs que l'âge, comme des tests physiques, certes plus coûteux pour l'employeur à mettre en place mais plus adaptés à identifier les salariés inaptes[33].

D'autre part, la jurisprudence admet de manière récurrente la légitimité de l'argument de l'égalité intergénérationnelle pour justifier des différences de traitement fondées sur l'âge, le plus souvent au détriment de personnes âgées. En d'autres termes, faire sortir du marché de l'emploi les personnes plus âgées – dont on affirme pourtant qu'elles doivent travailler plus longtemps (v. *supra*) – doit permettre l'entrée de personnes plus jeunes[34]. Toujours pour faciliter l'insertion de jeunes travailleurs, la Cour admet la nécessité de « flexibiliser » le marché de l'emploi en prévoyant un contrat plus précaire pour les salariés de moins de

---

[30] Notons néanmoins que certains stéréotypes liés à la grossesse et à la maternité ont parfois pu imprégner certaines décisions concernant une différence fondée sur le sexe (Horton, 2019).

[31] Préc., § 35. La disposition est en l'espèce jugée contraire à la directive, mais en raison de la disproportion, non des motifs invoqués.

[32] CJUE, 12 janv. 2010, n° C-229/08.

[33] La Cour se montre pourtant plus stricte lorsqu'il a été question de la mise à la retraite d'office de pilotes à 60 ans (CJUE, 13 sept. 2011, n° C-447/09, Reinhard Prigge, Michael Fromm et Volker Lambach c/ Deutsche Lufthansa AG). Notons toutefois que, sur la question d'un âge maximum pour le recrutement de pompiers ou de policiers, la jurisprudence paraît hésitante : CJUE, 13 nov. 2014, n° C-416/13, *Mario Vital Pérez c/ Ayuntamiento de Oviedo* – CJUE, 15 nov. 2016, aff. C-258/15, *Gorka Salaberria Sorondo c/ Academia Vasca de Policía y Emergencias* (v. également Horton, 2019).

[34] CJCE, 5 mars 2009, n° C-388/07, *Age Concern England (The Incorporated Trustees of the National Council on Ageing) c/ Secretary of State for Business, Enterprise and Regulatory Reform*. V. égal. CJUE, 12 oct. 2010, n° C-45/09, *Gisela Rosenbladt c/ Oellerking Gebäudereinigungsges. mbH*.

25 ans[35]. L'objectif est alors de compenser une inégalité face à l'emploi et au risque de chômage dont souffrent les plus jeunes. Ces solutions semblent donc tout à la fois traduire une vision redistributive holiste, visant à atteindre l'égalité à l'échelle d'une société, et trahir le cadre néolibéral dans lequel la CJUE s'inscrit (Somek, 2011). À la différence des autres critères, l'âge est ouvert à une logique d'égalité par la précarité : protéger un groupe en fragilisant la situation des individus le composant.

Conclusion

L'âge est donc un critère spécifique en droit de la non-discrimination. Il est ambivalent et protège tantôt « les jeunes », tantôt « les vieux ». Une constance apparaît toutefois : les considérations économiques sont prépondérantes et justifient tant l'interdiction générale des différences de traitement que les autorisations particulières de différencier. En ce sens, l'âge met en exergue les contradictions intrinsèques au droit européen de la non-discrimination, tiraillé entre un souci de protection d'individus jugés vulnérables et la nécessité de protéger un modèle économique. Selon les critères, le point d'équilibre entre ces deux impératifs n'est pas le même, le droit de la non-discrimination est donc variable. Cela se traduit concrètement : s'agissant de l'âge, la protection des individus s'incline ainsi face aux arguments économiques ; et tant que l'attachement du droit européen à son modèle économique ne sera pas questionné, il serait vain d'envisager toute évolution de ce rapport.

Bibliographie

Amauger-Lattes M.-C. (2007), « La discrimination fondée sur l'âge : Une notion circonstancielle sous haute surveillance », *Retraite et société*, n° 51/2, pp. 27-41.

Bourdaire-Mignot C. & Gründler T. (2020), « Le vieux, une figure de la vulnérabilité en droit », *La Revue des droits de l'homme*, n° 17.

Bourdieu P. (1978), « La "jeunesse" n'est qu'un mot », *in* Métaillé A.-M. et Thiveaud J.-M. (dir.), *Les Jeunes et le premier emploi,* Association des âges, pp. 520-530.

Butler R. N. (1969), « Age-Ism : Another Form of Bigotry » (Kolli S., trad.), *The Gerontologist*, n° 9/4, pp. 243-246.

de Jaeger C. et Cherin P. (2011), « Les théories du vieillissement », *Médecine & Longévité*, n° 3/4, pp. 155-174.

Dupeyroux J.-J. (2003), « L'âge en droit social », *Dr. soc.*, 1041.

[35] CJUE, 19 juill. 2017, n° C-143/16, *Abercrombie & Fitch Italia Srl c/ Antonino Bordonaro.*

Ennuyer B. (2011), « À quel âge est-on vieux ? La catégorisation des âges : ségrégation sociale et réification des individus », *Gérontologie et société*, n° 34/138, pp. 127-142.

Fasbender U. (2020), « Age Discrimination as a Bone of Contention in the EU : A psychological Perspective », *in* Giegerich T. (dir.), *The European Union as Protector and Promoter of Equality*, Springer, pp. 417-427.

Freedland M. et Vickers L. (2016), « Age Discrimination and EU Labour Rights Law », *in* Bogg A., Costello C. et Davies A. (dir.), *Research Handbook on EU Labour Law*, Edward Elgar Publishing, pp. 527-546.

Horton R. (2019), « Justifying Age Discrimination in the EU », *in* Belavusau U. et Henrard K. (dir.), *EU Anti-Discrimination Law Beyond Gender*, Hart Publishing, pp. 273-294.

Kaya G. (2020), « Age Discrimination as a Bone of Contention in the EU », *in* Giegerich T. (dir.), *The European Union as Protector and Promoter of Equality*, Springer, pp. 391-596.

Lafon C. (2008), « Vieillir : Mieux comprendre pour mieux agir », *Revue Recherche en soins infirmiers*, n° 94/3, pp. 4-27.

Lang P.-O., Proust J., Vogel T. et Aspinall R. (2013), « Saurons-nous jamais ce qui provoque le vieillissement ? », *Revue NPG (Neurologie - Psychiatrie - Gériatrie)*, n° 13/78, pp. 337-343.

Le Garrec G. et Touzé V. (2023), « VII/L'emploi des séniors en Europe », *in* OFCE (dir.), *L'économie européenne 2023-2024*, La Découverte, pp. 84-95.

Lochak D. (1987), « Réflexions sur la notion de discrimination », *Dr. soc.*, 778.

Lyon-Caen G. (2003), « Différence de traitement ou discrimination selon l'âge », *Dr. soc.*, 1077.

Menduiña Gordón E. (2016), « La discrimination dans le logement privé », *in* Gründler T. et Thouvenin J.-M. (dir.), *La lutte contre les discriminations à l'épreuve de son effectivité : Les obstacles à la reconnaissance juridique des discriminations*, Mission de recherche Droit et Justice, pp. 408-426.

Mercat-Bruns M. (2001), *Vieillissement et droit à la lumière du droit français et du droit américain*, LGDJ.

(2020), « Les rapports entre vieillissement et discrimination en droit – Une fertilisation croisée utile sur le plan individuel et collectif », *La Revue des droits de l'Homme*, n° 17.

(2021), « Âge », *in* Tharaud D. et Boyer-Capelle C. (dir.), *Dictionnaire juridique de l'égalité et de la non-discrimination*, L'Harmattan, pp. 25-28.

Miné M. (2021), « Discrimination (approche juridique) », *in* Tharaud D. et Boyer-Capelle C. (dir.), *Dictionnaire juridique de l'égalité et de la non-discrimination*, L'Harmattan, pp. 103-106.

Möschel M. (2019), « 18 Years of Race Equality Directive : A Mitigated Balance », *in* Belavusau U. et Henrard K. (dir.), *EU Anti-Discrimination Law Beyond Gender*, Hart Publishing, pp. 141-160.

Numhauser-Henning A., Julén Votinius J. et Zbyszewska A. (2017), « Equal Treatment and Age Discrimination – Inside and Outside Working Life », *in* Numhauser-Henning A. (dir.), *Elder Law*, Edward Elgard Publishing, pp. 151-178.

O'Cinneide C. (2020), « Uniformity or Variation : Should the CJEU "Carry Over" its Gender Equality Approach to the Post-2000 Equality Grounds ? », *in* Giegerich T. (dir.), *The European Union as Protector and Promoter of Equality*, Springer, pp. 115-133.

Rennes J. (2019), « Âge biologique versus âge social – Une distinction problématique », *Genèses*, n° 117/4, pp. 109-128.

Somek A. (2011), *Engineering Equality. An Essay on European Anti-Discrimination Law*, Oxford University Press.

Ter Haar B. (2019), « EU Age Discrimination Law : A Curse or a Blessing for EU Youth Policy? », *in* Belavusau U. et Henrard K. (dir.), *EU Anti-Discrimination Law Beyond Gender*, Hart Publishing, pp. 295-319.

« À LA DIFFÉRENCE DES AUTRES CRITÈRES, L'ÂGE EST OUVERT À UNE LOGIQUE D'ÉGALITÉ PAR LA PRÉCARITÉ. »

Clément Lanier

DOSSIER :

Variations relatives à la preuve de discrimination

LES VARIATIONS AUTOUR DE LA PREUVE DES DISCRIMINATIONS EN DROIT DU TRAVAIL

SANDRINE MAILLARD

MARIE PEYRONNET

Sandrine Maillard, *maître de conférences en droit privé à la faculté Jean Monnet, université Paris Saclay (IDEP EA 409).*
sandrine.maillard@universite-paris-saclay.fr

Marie Peyronnet, *maîtresse de conférences en droit privé à l'université de Bordeaux, COMPTRASEC (UMR 5114).*
marie.peyronnet@u-bordeaux.fr

Résumé : L'aménagement de la charge de la preuve en matière de discrimination est bien souvent présenté comme étant LA faveur octroyée aux victimes de discrimination pour faciliter leur chance de succès lors du contentieux. Ce régime est d'ailleurs tellement favorable qu'il a été reproduit dans d'autres situations telles que le harcèlement. Mais ce régime probatoire est loin d'être monolithique. Il présente de nombreuses variations qui affectent considérablement les chances pour la victime d'obtenir réparation de son préjudice et/ou la sanction de l'auteur.

Mots-clés : Discrimination ; Preuve ; Aménagement ; Droit du travail ; Droit pénal ; Loyauté de la preuve – Présomption d'innocence ; Panel ; Préjudice

Introduction

Une discrimination n'est saisie par le droit que si la différence de traitement conduit à traiter de manière moins favorable une personne sur la base d'un motif prohibé par la loi. La liste des motifs énumérés par le législateur est certes de plus en plus longue mais possède un effet radical sur la qualification. Celui qui fera l'objet d'un traitement défavorable pour un motif non expressément interdit par la loi n'est pas victime d'une discrimination au sens juridique du terme. Dans le Code du travail, l'article L. 1132-1 énonce une liste limitative de 23 motifs discriminatoires interdits auxquels il est possible d'ajouter d'autres motifs faisant l'objet de textes spécifiques concernant principalement les représailles[1]. En revanche, la liste des comportements interdits, précédée de l'adverbe notamment, est seulement indicative pour embrasser toute mesure défavorable prise par un employeur à l'égard d'un candidat à l'emploi ou d'un salarié. Dans le Code pénal, c'est l'article L. 225-1 qui fixe la liste des motifs discriminatoires prohibés entre les personnes physiques[2]. Par conséquent, l'existence d'une discrimination ne peut être établie que lorsqu'il est démontré que le salarié (ou le candidat à l'emploi) a fait l'objet d'un traitement défavorable qui s'explique, directement ou indirectement, par la prise en considération d'un motif expressément interdit par la loi et qui ne peut se justifier par la poursuite d'un objectif légitime apprécié par le juge dans le cadre d'un contrôle de proportionnalité. Ce qui n'est pas une mince affaire.

La relation de travail est caractérisée par une inégalité des parties au contrat de travail[3]. Le salarié est placé sous la subordination de l'employeur qui a pris la mesure litigieuse dans le cadre de son pouvoir de direction. Par conséquent, l'employeur est souvent le seul à détenir les éléments d'information nécessaires pour établir le traitement discriminatoire – et son motif – dont le salarié se prétend victime. Le salarié est donc rarement en mesure de rapporter la preuve certaine qu'il existe une discrimination. L'on comprend alors l'enjeu décisif pesant sur la preuve. Faire reposer la charge de la preuve entièrement sur le salarié risque de le placer en situation d'impossibilité de prouver la matérialité de la discrimination dont il est victime. Si ce constat semble unanime, il n'en reste pas moins que des variations importantes persistent autour de la question du fardeau de la preuve (1). Cependant, l'effectivité du principe d'interdiction des discriminations justifie une atténuation de ces variations (2).

1. Des variations importantes autour du fardeau de la preuve

On entend ici le fardeau de la preuve comme, d'une part, la charge de la preuve au sens strict, c'est-à-dire la personne sur laquelle repose l'obligation de prouver, et d'autre part, l'ampleur de la preuve à apporter. Ces deux aspects s'entremêlent en matière de discrimination du fait d'un allègement de la charge probatoire sur la victime qui permet ou non de déléguer une partie de la charge probatoire à d'autres (le défendeur, ou un tiers). Le fardeau de la

[1] En raison de l'exercice du droit de grève (C. trav., art. L. 1132-2), en raison de la dénonciation ou d'un témoignage concernant un harcèlement (C. trav., art. L. 1132-3) ou concernant un crime ou un délit en vertu de la protection faite aux lanceurs d'alerte (C. trav., art. L. 1132-3-3). La Cour de cassation a estimé dans une décision que tous les témoins devant les juridictions doivent bénéficier de la protection contre le licenciement (Cass. soc., 29 oct. 2013, n° 12-22447).

[2] Lepage A., « Les motifs discriminatoires. Regard du pénaliste », *Dr. soc.* 2020, p. 298.

[3] Supiot A. (2007), *Critique du droit du travail*, PUF, Quadrige, https://lext.so/QxAFvK.

preuve sera donc plus ou moins lourd pour la victime selon la nature de l'action (1.1) et selon l'objet de la preuve (1.2).

1.1. Les variations liées à la nature de l'action

Le Code du travail et le Code pénal interdisent les discriminations dans l'emploi. C'est pourquoi le salarié peut engager une action civile et/ou pénale. Alors que l'action civile engagée devant le conseil des prud'hommes doit permettre au salarié d'obtenir réparation du préjudice qu'il a subi, l'action pénale, qui peut être engagée en parallèle de l'action civile, vise à sanctionner pénalement l'auteur de la discrimination. Si le principe posé par le droit pénal et le droit du travail est le même, à savoir l'interdiction des discriminations au travail, la nature de l'action engagée par le salarié entraîne des variations quant à sa mise en œuvre.

Allègement de la charge de la preuve pour le salarié dans le cadre de l'action civile. En matière civile, un aménagement a été opéré au bénéfice de la victime du comportement discriminatoire pour tenir compte de l'inégalité des parties dans l'accès aux éléments de preuve. Cette inégalité existe chaque fois qu'il s'agira de sonder les motifs d'une décision qui, par principe, ne sont véritablement connus que de son auteur, à moins d'avoir été extériorisés. Cette extériorisation sera difficile à appréhender, et d'autant plus dans une relation contractuelle naturellement déséquilibrée comme l'est la relation de travail. C'est la raison pour laquelle différentes formes d'aménagement de la charge de la preuve ont particulièrement prospéré en droit du travail[4]. L'allègement de la charge de la preuve en matière de discriminations trouve son origine dans la jurisprudence de la Cour de justice de l'Union européenne dont le maître mot est d'assurer l'effet utile du principe de non-discrimination, à savoir protéger *effectivement* les travailleurs. Très tôt, les juges luxembourgeois ont en effet mis en évidence que faire supporter la charge de la preuve sur le salarié demandeur constituait un risque pour l'effectivité du principe d'égalité de rémunération entre homme et femme. On peut ainsi lire dans l'arrêt *Enderby*[5] que « la charge de la preuve (…) peut être déplacée lorsque cela s'avère nécessaire pour ne pas priver les travailleurs victimes de discrimination apparente de tout moyen efficace de faire respecter le principe de l'égalité des rémunérations ». Et d'ajouter que, lorsque des éléments « laissent apparaître une différence sensible de rémunération entre deux fonctions de valeur égale, dont l'une est exercée presque exclusivement par des femmes et l'autre principalement par des hommes, l'article 119 du traité impose à l'employeur de justifier cette différence par des facteurs objectifs et étrangers à toute discrimination fondée sur le sexe ». Autrement dit, il appartient au salarié de faire ressortir une apparence de discrimination, charge

---

[4] V. par ex. le partage de la preuve des heures supplémentaires, ou encore la présomption de manquement à l'obligation de sécurité en cas d'accident du travail ou maladie professionnelle.
[5] CJUE, 27 oc. 1993, n° C-127/92, pt 14

ensuite à l'employeur de démontrer le contraire. Ce faisant, la Cour de justice a élaboré un aménagement dérogatoire de la charge de la preuve en vue d'alléger le fardeau qui, en application du droit commun, devrait entièrement peser sur le salarié demandeur. Cet aménagement, ensuite repris par les deux directives de l'année 2000 sur les discriminations[6], a ainsi été guidé par un impératif de protection de la partie « faible » et la prise en compte de l'inégal accès à la preuve, pour une « mise en œuvre effective du principe de l'égalité de traitement »[7]. Ce régime probatoire organisé en faveur des victimes de discriminations a enfin été consacré dans le Code du travail, par l'article L. 1134-1, issu de la loi n° 2001-1066 du 16 novembre 2001 relative à la lutte contre les discriminations. La Cour de cassation juge qu'« eu égard à la nécessité de protéger les droits fondamentaux de la personne concernée, l'aménagement légal des règles de preuve prévues par l'article L. 1134-1 du Code du travail ne viole pas le principe de l'égalité des armes tel que résultant de l'article 6 de la Convention de sauvegarde des droits de l'homme et des libertés fondamentales »[8]. Plus encore, l'application de ce mécanisme protecteur ne saurait être écartée pour faire reposer la charge sur le seul salarié au motif inopérant que la différence de traitement a été mise en place par un accord collectif négocié par des organisations syndicales représentatives investies de la défense des droits et intérêts des salariés et à l'habilitation desquelles ces derniers participent directement par leur vote[9]. Ce dispositif d'allègement de la charge de la preuve revêt un caractère d'ordre public auquel il est impossible de déroger.

Précisément, selon l'article L. 1134-1 du Code du travail, le salarié « présente des éléments de fait laissant supposer l'existence d'une discrimination » et, au vu de ces éléments, il incombe à l'employeur de « prouver que sa décision est justifiée par des éléments objectifs étrangers à toute discrimination ». Cela signifie que le salarié n'a pas à prouver l'existence de la discrimination ; il doit seulement apporter des éléments qui vont laisser penser au juge qu'il est discriminé, c'est-à-dire qui rendent vraisemblable cette discrimination. En quelque sorte, « les faits apportés par le salarié, pris dans leur ensemble, doivent dégager une atmosphère. C'est de cette atmosphère que le juge va tirer, sinon sa conviction, du moins une présomption »[10]. Comme le souligne

---

[6] Cons., dir. n° 2000/78/CE, 27 nov. 2000, portant création d'un cadre général en faveur de l'égalité de traitement en matière d'emploi et de travail – Cons., dir. n° 2000/43/CE, 29 juin 2000, relative à la mise en œuvre du principe d'égalité de traitement entre les personnes sans distinction de race ou d'origine ethnique.

[7] Cons., dir. n° 2000/78/CE, 27 nov. 2000, considérant n° 31 – Cons., dir. n° 2000/43/CE, 29 juin 2000, considérant n° 21.

[8] Cass. soc., 7 févr. 2012, n° 10-19505 – Cass. soc., 28 janv. 2010, n° 08-41959.

[9] Cass. soc., 9 oct. 2019, n° 17-16642 : *Dr. ouvrier* 2020, p. 158, obs. Maillard-Pinon S.; *JCP S* 2019, 1336, obs. Daniel C.

[10] À propos du harcèlement moral qui bénéficie du même dispositif probatoire : Cass. soc., 25 janv. 2011, n° 09-42766 : *JSL*, n° 295, p. 11, note Hautefort M.

justement le défenseur des droits, « cette règle permet au demandeur de constituer un faisceau d'indices convergents laissant supposer l'existence d'une discrimination, sans exiger qu'il ne rapporte une preuve directe d'une faute à l'origine de la discrimination alléguée. Il doit seulement faire naître un doute raisonnable dans l'esprit du juge quant à l'existence de celle-ci et le convaincre que l'une des possibles explications au traitement subi et une pratique ou une décision discriminatoire, à charge ensuite pour le défendeur de renverser cette présomption »[11].

Mais loin d'un renversement (ou d'une inversion), il s'agit seulement d'un allègement de la charge de la preuve. Contrairement à ce que laisse penser le verbe « présenter », il appartient bien au salarié demandeur d'« établir » les faits qu'il présente devant le juge. Il ne lui suffit pas d'alléguer qu'il est discriminé. Comme l'a souligné le Conseil constitutionnel, les règles de preuve plus favorables à la partie demanderesse « ne sauraient dispenser celle-ci d'établir la matérialité des éléments de fait précis et concordants qu'elle présente au soutien de l'allégation selon laquelle la décision prise à son égard constituerait une discrimination (…) »[12]. Bien qu'allégé, ce fardeau de la preuve pèse donc encore lourdement sur le salarié victime d'une discrimination au travail. Ce régime de faveur est écarté dans le cadre de l'action pénale.

Fardeau de la preuve pesant sur le salarié en matière pénale. L'article 4, alinéa 4, de la loi du 27 mai 2008 portant diverses dispositions d'adaptation au droit communautaire dans le domaine de la lutte contre les discriminations prévoit expressément que la présomption de discrimination qu'il organise en faveur de la prétendue victime « ne s'applique pas devant les juridictions pénales »[13]. Il est largement admis que ce mécanisme heurte frontalement la présomption d'innocence, principe cardinal du droit pénal[14]. Étant présumé innocent, l'employeur n'a pas à prouver que sa décision ne repose pas sur un critère discriminatoire. C'est à la partie poursuivante d'établir la culpabilité de la personne mise en cause pour des faits de discrimination. Certes, sur le terrain de l'action publique, c'est le ministère public qui a la charge de rapporter la preuve de la culpabilité de l'employeur accusé de discrimination. Et, compte tenu des pouvoirs d'investigation à sa disposition, il ne se trouve pas dans la même position de faiblesse que la victime, ce qui exclut tout allègement de la charge probatoire. Cependant, dans les faits, le manque chronique de moyen de la justice ne lui permet pas de diligenter une instruction sur les situations discriminatoires, laissant à la victime le soin d'apporter une grande partie de ces éléments, parfois en recevant le

---

[11] Défenseur des droits, décision-cadre n° 2022-139, 31 août 2022.

[12] Cons. const., 12 janv. 2002, n° 2001-455 DC, réserve d'interprétation du Conseil constitutionnel à propos de l'aménagement de la preuve en faveur des victimes de harcèlement moral, calqué sur le régime des discriminations.

[13] Dans le même sens, l'article 10, § 3, de la dir. n° 2000/78/CE prévoyait que l'aménagement de la charge de la preuve « ne s'applique pas aux procédures pénales ».

[14] C. pén., art. 9-1 : « Chacun a droit au respect de la présomption d'innocence ».

concours de la force publique. Autrement dit, pour que le ministère public accepte de poursuivre, il faut que la victime ait elle-même préalablement apporté des éléments suffisamment tangibles. On soulignera également qu'avant tout, le ministère public cherche à établir la vérité et non à établir, à tout prix, la culpabilité de l'employeur accusé, comme le ferait le salarié. En matière pénale, le fardeau probatoire pèse donc lourdement sur le salarié alors qu'elle devrait peser sur le ministère public. Ce qui peut expliquer un décalage entre l'ampleur de l'arsenal répressif des discriminations dans le Code pénal et la faible répression de ces discriminations.

Il est évidemment inconcevable de condamner pénalement une personne dont on doute de la culpabilité. Et c'est là que réside, nous semble-t-il, toute la difficulté liée à l'application d'un aménagement de la charge de la preuve en droit pénal. En effet, lorsque le salarié a réussi à faire ressortir une apparence de discrimination, seulement vraisemblable à ce stade probatoire, l'employeur qui ne parvient pas à convaincre le juge de son innocence (en donnant des explications objectives convaincantes) perd le procès, sans que la motivation discriminatoire ne soit établie avec certitude. Cet aménagement de la charge de la preuve fait donc peser le risque de la preuve sur l'employeur. Si une telle solution est largement concevable en matière civile lorsqu'il s'agit de condamner l'employeur au versement de dommages et intérêts (et/ou d'annuler la mesure litigieuse), elle l'est manifestement moins lorsqu'il s'agit de le condamner pénalement lorsque l'on doute encore de la culpabilité. Le fait que le délit de discrimination syndicale soit prévu dans le Code du travail est sans incidence, dès lors que les articles L. 2141-5 et L. 2146-2 prévoient une peine d'emprisonnement d'un an et une amende de 3 750 €. En ce sens, la Cour de cassation retient que « les articles susvisés du Code du travail, concernant le délit de discrimination syndicale, n'instituent aucune dérogation à la charge de la preuve en matière pénale ; qu'il résulte des deux derniers textes visés que tout prévenu étant présumé innocent, la charge de la preuve de sa culpabilité incombe à la partie poursuivante »[15]. C'est donc la nature, et peut-être même surtout l'objet de l'action pénale (prononcer une sanction pénale), qui interdit la prise en compte de l'inégalité des « armes » dans la relation de travail et « empêche » d'étendre cet aménagement de la charge de la preuve en matière pénale. On relèvera toutefois que le défenseur des droits « recommande en ce sens la mise en place d'un mécanisme d'aménagement de la charge de la preuve au pénal, de nature à permettre le recours à certaines présomptions de fait »[16].

---

[15] Cass. crim., 11 avr. 2012, n° 11-83816.

[16] Défenseur des droits, Lutter contre les discriminations : les recommandations transversales du Défenseur des droits, févr. 2024, p. 11 ; v. aussi : Touillier M. (2016), « Réflexions sur l'opportunité d'étendre l'aménagement du fardeau probatoire en matière pénale », *in* Gründler T. et Thouvenin J.-M. (dir.), *La lutte contre les discriminations à l'épreuve de son effectivité. Les obstacles à la reconnaissance juridique des discriminations*, CEDIN, université de Nanterre, DDD/mission de recherche droit et justice, pp. 263-280.

Le fardeau pèse alors lourdement sur le salarié pour apporter la preuve de l'élément matériel (la différence de traitement fondée sur un motif discriminatoire) et celle de l'élément intentionnel (l'intention de discriminer). Ce dernier point laisse apparaître une autre variation tenant à l'objet de la preuve.

1.2. Des variations liées à l'objet de la preuve

Ce que le salarié devra prouver pour convaincre le juge varie selon qu'il s'agisse de démontrer l'existence d'une discrimination directe ou indirecte (1.2.1) ou le préjudice qui découle de cette discrimination (1.2.2).

1.2.1. Des variations liées à la qualification de la discrimination directe ou indirecte

Si les difficultés probatoires ne sont pas rares en pratique concernant la démonstration de discriminations directement fondées sur un motif prohibé, elles se concentrent encore beaucoup sur le plan méthodologique sur la preuve des discriminations découlant de l'utilisation d'un critère apparemment neutre. La distinction classique entre les discriminations directes et indirectes, importée du droit de l'Union européenne, retentit sur l'objet de la preuve du salarié et de l'employeur.

Objet de la preuve du salarié : preuve de la prise en compte d'un motif interdit *vs* preuve de l'effet discriminant d'un motif autorisé. La matérialité de la discrimination directe est prouvée par la prise en compte d'un critère expressément interdit par la loi, dans la prise de décision de l'employeur. C'est la raison pour laquelle « l'existence d'une discrimination n'implique pas nécessairement une comparaison avec la situation d'autres salariés »[17]. Aussi surprenant qu'il puisse *a priori* paraître, ce principe est à la fois juridiquement fondé et pertinent : un salarié peut démontrer (ou tout au moins rendre vraisemblable le fait) qu'il est victime d'un traitement défavorable en raison d'un motif discriminatoire (son origine par exemple), sans avoir à établir que d'autres salariés sont mieux ou moins bien traités que lui ! C'est le cas de la salariée qui a établi qu'elle était parfois désignée, soit directement devant elle, soit en son absence, comme « la Libanaise »[18]. Ce qui allège le fardeau de la preuve pour le salarié qui n'a pas à transmettre des éléments de comparaison (par exemple les contrats de travail et bulletins de salaires d'autres employés), bien utiles, mais souvent difficiles à obtenir, d'autant que les salariés témoignent rarement contre l'employeur sous la subordination duquel ils se trouvent. À moins d'avoir été complètement tu, le motif discriminant transparaît régulièrement à travers des SMS[19], des mails envoyés ou transférés par erreur à la victime, dans la lettre de licenciement

[17] Par ex : Cass. soc., 10 nov. 2009, n° 07-42849.

[18] Cass. soc., 20 sept. 2023, n° 22-16130.

[19] « Je ne garde pas [M. X]. Je ne le sens pas ce mec. C'est un PD, ils font tous des coups de pute » : CA Paris, pôle 6, ch. 10, 21 févr. 2018, n° 16/02237.

(parfois de manière assumée lorsque l'employeur estime pouvoir le justifier)[20]. Parfois cependant la manifestation se résume à un débat parole contre parole (par exemple concernant la teneur discriminatoire des questions posées lors d'un entretien d'embauche : projet de grossesse, pratiques religieuses…).

Lorsqu'il s'agit d'une discrimination indirecte, la dissimulation, intentionnelle ou non, de la mesure ou de la pratique discriminatoire derrière un motif non interdit rend de toute évidence malaisée la preuve par le salarié. Ce n'est pas ici la prise en compte du critère interdit qu'il faut mettre en évidence, mais l'effet discriminant d'un critère pourtant autorisé par la loi. C'est pourquoi la Cour de justice a rapidement admis les preuves statistiques. On pense ici à la célèbre affaire *Jenkins* où des salariées à temps partiel avaient une rémunération horaire inférieure à celle des travailleurs à temps plein. La différence de traitement n'était donc pas fondée sur le critère interdit du sexe mais, en raison d'un pourcentage très élevé de femmes à temps partiel dans l'entreprise, défavorisait très majoritairement les femmes[21]. La mesure litigieuse produisait donc (presque) les mêmes effets que si elle était ouvertement fondée sur le critère du sexe. À ce titre, elle devait être condamnée en tant que discrimination indirectement fondée sur le sexe. Non sans avoir pris son temps, la Cour de cassation s'est approprié cette méthode d'identification des discriminations indirectes pour juger notamment qu'« eu égard au nombre considérablement plus élevé de femmes que d'hommes qui choisissent de bénéficier d'un congé parental », le traitement défavorable réservé aux salarié·e·s de retour de congé parental constituait une discrimination indirectement fondée sur le sexe[22]. Cette méthode a ensuite été élargie à la preuve des discriminations directes à l'embauche[23]. Ces données statistiques, si elles sont suffisamment significatives, notamment lorsqu'elles résultent de chiffres consolidés au niveau national (la part des femmes en contrat à temps partiel recensée au niveau national ou mise en lumière par une analyse faite par la salariée elle-même au regard des effectifs de l'entreprise), font donc apparaître une présomption de discrimination, charge ensuite pour l'employeur de justifier cette différence par des facteurs objectifs et étrangers à toute discrimination.

Objet de la preuve de l'employeur : des justifications distinctes pour les discriminations directes et indirectes. Dans le Code du travail, le titre III sur les discriminations comporte un chapitre II intitulé « Principe de non-discrimination » et un chapitre III nommé « Différences de traitement autorisées ». D'un côté, les discriminations et de l'autre, les différences de traitement autorisées. Il n'y aurait donc pas de discriminations autorisées. En effet, la discrimination « ne

[20] V. l'affaire *Baby Loup* où le refus de retirer le voile a donné lieu à un licenciement pour faute grave : Cass. ass. plén., 25 juin 2014, n° 13-28369.
[21] CJCE, 31 mars 1981, n° C-96/80, *Jenkins*.
[22] Cass. soc., 14 nov. 2019, n° 18-15682 – Cass. soc., 18 mars 2020, n° 16-27825 – v. aussi, CJUE, 8 mai 2019, n° C-486/18.
[23] Cass. soc., 14 déc. 2022, n° 21-19628.

laisse place à aucune possibilité de justification de la mesure contestée dès lors que son motif, inscrit sur sa longue "liste noire", est établi »[24]. Autrement dit, « une discrimination ne peut pas être justifiée par une raison supérieure puisque sa prohibition a précisément pour objet de protéger une valeur supérieure »[25].

Toutefois, le législateur a ajouté, dans le Code du travail, la possibilité de justifier l'utilisation d'un motif discriminatoire. Après avoir réservé cette possibilité à l'hypothèse de l'âge (conformément à ce qui est prévu par l'article 6 de la directive n° 2000/78/CE), le législateur a permis à l'employeur de démontrer que sa décision est justifiée par « une exigence professionnelle essentielle et déterminante et pour autant que l'objectif soit légitime et l'exigence proportionnée » (C. trav., art. L. 1133-1). L'article R. 1142-1 du Code du travail précise que l'appartenance à l'un ou l'autre sexe peut constituer une exigence déterminante pour les emplois d'artistes, mannequins et modèles. Les juges luxembourgeois retiennent ainsi que la prise en considération de l'âge est justifiée par une exigence professionnelle pour le métier d'agents de police destinés à assumer des fonctions opérationnelles et exécutives[26], alors qu'elle s'analyse en une discrimination pour le recrutement des agents de la police locale dont les missions ne nécessitent pas les mêmes capacités physiques[27]. Ce qui importe donc c'est que l'utilisation du critère discriminatoire soit dictée par la nature du travail, les conditions d'exercice du poste ou la nature de l'entreprise. Elle est ainsi objectivement justifiée par le travail. Est exclue toute considération elle-même subjective tenant par exemple à la volonté de l'employeur de se conformer au souhait particulier d'un client de ne plus recevoir en intervention une salariée portant un foulard islamique[28]. Ce qui réduit et encadre strictement les possibilités de justifier l'utilisation d'un critère discriminatoire.

En dehors du Code du travail, les moyens de justifier une discrimination indirecte sont intégrés à la définition même de cette dernière à l'article 1er de la loi du 27 mai 2008 : « Constitue une discrimination indirecte une disposition, un critère ou une pratique neutre en apparence mais susceptible d'entraîner, pour l'un des motifs, un désavantage particulier pour des personnes par rapport à d'autres personnes à moins que cette disposition, ce critère ou cette pratique ne soit objectivement justifié par un but légitime et que les moyens pour réaliser ce but soient nécessaires et appropriés ». L'employeur peut alors démontrer que sa décision (dont l'effet discriminant n'est pas contesté) répond à un motif jugé légitime, qu'il soit lié au travail (exigence professionnelle) ou à un objectif plus large, de politique sociale, de protection de la santé des travailleurs âgés ou encore

---

[24] *Dr. soc.* 2006, p. 221, note Jeammaud A.

[25] Cour de cassation (2008), rapp., Les discriminations dans la jurisprudence de la Cour de cassation, 2008.

[26] CJUE, 15 nov. 2016, n° C-258-15, *Sorondo.*

[27] CJUE, 13 nov. 2014, n° C-416/13, *Vital Pérez.*

[28] CJUE, 14 mars 2017, n° C-188/15, *Micropole SA* : *Dalloz actualité*, 20 mars 2017, p ; X ?, obs. Peyronnet M.; *ibid.* 947, obs. Mouly C. ; dans le même sens : Cass. soc., 22 nov. 2017, n° 13-19855.

d'insertion professionnelle. Ce n'est donc pas seulement le poste de travail qui est susceptible d'être invoqué par l'employeur, mais aussi des motifs exogènes tenant à la politique de l'emploi, du marché du travail et de la formation professionnelle. Par exemple, la volonté et le « besoin véritable » d'afficher et de poursuivre une politique de neutralité à l'égard de ses clients se rapportent à la liberté d'entreprise et constituent un objectif légitime pour permettre à l'employeur d'interdire toute manifestation extérieure de ses convictions personnelles (religieuses, politiques, syndicales...) par le salarié[29]. Le potentiel de justification est donc bien plus large, au-delà de la seule nature du travail[30]. Ce qui rend d'autant plus difficile la défense du salarié, mais seulement pour les discriminations indirectes.

Selon la Cour de justice, les discriminations directes ne peuvent être justifiées que par une exigence professionnelle, essentielle et déterminante. En l'absence de clause de neutralité dans le règlement intérieur, l'ordre donné par l'employeur à la salariée de ne pas porter le voile dans l'entreprise ne pourra être justifié que par une exigence dictée par la nature ou les conditions d'exercice de l'activité professionnelle ; l'éventuelle poursuite d'un objectif de neutralité ne sera même pas examinée par les juges luxembourgeois[31].

La qualification de la discrimination – directe ou indirecte – est donc fondamentale[32], parce qu'elle détermine le potentiel de justification laissé à l'employeur et partant, l'objet de la preuve de l'employeur[33]. La preuve de la matérialité de la différence de traitement fondée indirectement sur un motif discriminatoire, aussi délicate soit-elle pour le salarié, ne garantit donc aucunement sa réparation par le juge civil. Et, en toute hypothèse, elle ne pourra pas être réprimée par le juge pénal.

---

[29] CJUE, 15 juill. 2021, n^{os} C-804/18 et C-341/19, *WABE eV & Müller Handels GmbH.*

[30] Moreau M. A., « Les justifications des discriminations », *Dr. soc.* 2002, p. 1112.

[31] CJUE, 14 mars 2017, *précité.*

[32] Pour une analyse plus approfondie et nuancée : S. Maillard, « La justification des discriminations dans l'emploi. Le regard du travailliste », *Dr. soc.* 2020, p. 310.

[33] Selon l'article L. 1133-1 du Code du travail, le principe d'interdiction des discriminations « ne fait pas obstacle aux différences de traitement, lorsqu'elles répondent à une exigence professionnelle essentielle et déterminante et pour autant que l'objectif soit légitime et l'exigence proportionnée ». La distinction entre les discriminations directe et indirecte est moins « visible », car ce texte, de même que l'article 2, § 2, de la loi du 27 mai 2008, modifié par la loi n° 2016-1547 du 18 novembre 2016 de modernisation de la justice du XXIe siècle, ne distinguent pas selon la nature de la discrimination. Les moyens de justification semblent ainsi harmonisés. Mais la formulation de ces textes reste ambiguë. La conjonction de coordination « et pour autant que » introduit-elle une condition cumulative ou alternative ? Faut-il comprendre que toutes les discriminations, directes et indirectes, ne peuvent être justifiées que par une exigence professionnelle, légitime et proportionnée ? Ou qu'elles peuvent être justifiées soit par une exigence professionnelle, soit par un objectif légitime ? Ni l'une ni l'autre de ces interprétations n'est entièrement convaincante, ni fidèle à la jurisprudence des juges internes et européens. Nous penchons plutôt pour une maladresse du législateur, qui ne transpose pas fidèlement le droit de l'Union européenne.

L'impossible preuve d'une discrimination indirecte subie par le salarié devant le juge pénal. La Cour de cassation énonce qu'« il résulte de l'article 225-2 du Code pénal que seules sont punissables les discriminations fondées sur l'un des critères limitativement énumérés aux articles 225-1 à 225-1-2 », de sorte que « ces textes, qui doivent être interprétés strictement, ne répriment que la discrimination directe »[34]. Il peut toutefois être relevé que « les discriminations indirectes aussi reposent sur l'un des critères énumérés aux articles 225-1 à 225-1-2 : la seule différence avec les discriminations directes tient au fait que ce critère réel est dissimulé derrière un autre, neutre en apparence mais qui produit le même effet et qui doit, dès lors, être combattu de la même façon lorsque le résultat auquel il aboutit a été recherché par l'agent. Les critères justifiant la sanction d'une discrimination indirecte n'étant pas étrangers aux critères énumérés à l'article 225-1, l'argument tiré de l'interprétation stricte de la loi pénale ne peut justifier qu'elle soit amputée d'une partie d'elle-même »[35]. Malgré ces réserves convaincantes, la répression pénale ne semble viser que la discrimination directe. Et le droit de l'Union européenne, cantonné à la procédure civile, ne l'impose pas. Du reste, « une pratique discriminatoire, pour être sanctionnée, suppose la preuve d'un mobile qui s'avère particulièrement difficile à établir lorsque la discrimination est indirecte ».

La preuve sera plus difficile encore, lorsqu'il s'agit de démontrer l'ampleur du préjudice qui découle de la discrimination subie.

1.2.2. Des variations liées à la preuve du préjudice

La preuve des discriminations est souvent présentée comme étant plus simple pour les victimes. Or, comme l'on vient de le voir, le régime probatoire n'est pas si évident à manier et il existe bien des variations. Il demeure une variation très importante à explorer. En effet, l'aménagement de la charge de la preuve, lorsqu'il existe, ne porte que sur la qualification de la discrimination. Or si la victime intente un recours civil contre l'auteur d'une discrimination, c'est principalement pour obtenir réparation du préjudice subi. Selon la nature du comportement discriminatoire, la preuve de l'ampleur du préjudice sera plus ou moins lourde.

La nullité des actes positifs. Le principe est que, dans l'hypothèse où le juge admet l'existence de la discrimination, il prononcera la nullité de tous les actes discriminatoires en vertu de l'article L. 1132-4 du Code du travail. La nullité implique de reconstituer la situation de la victime en faisant « comme si » l'acte discriminatoire n'avait jamais eu lieu.

Cette manière de réparer les conséquences néfastes de la situation discriminatoire est particulièrement efficace lorsque le fait discriminatoire est positif,

---

[34] Cass. crim., 8 juin 2021, n° 20-80056.

[35] Dreyer E., « La responsabilité pénale d'un directeur de service ne s'étend pas aux discriminations indirectes qu'il a suscitées », *D.* 2021, p. 1409. En sens contraire : E. Fortis, « Réprimer les discriminations depuis la loi du 27 mai 2008 : entre incertitudes et impossibilités », *AJ pén.* 2008, p. 303.

c'est-à-dire lorsqu'il y a eu un acte discriminatoire dirigé *contre* une personne ou un groupe de personnes. Par exemple, si une salariée a été licenciée en raison de l'annonce de sa grossesse, son licenciement sera déclaré nul et le juge fera « comme si » la salariée n'avait jamais perdu son emploi. Elle recevra ainsi tous les salaires non versés entre le licenciement et le jugement prononçant sa nullité. On lui accordera alors la possibilité d'être réintégrée ou au contraire de rompre le contrat de travail au tort de l'employeur. Si elle fait le choix de la rupture, la victime bénéficiera d'une indemnisation réparant l'intégralité du préjudice liée à la perte d'emploi. Il en devient d'ailleurs stratégique de faire au préalable requalifier un CDD en CDI pour pouvoir ensuite bénéficier de l'indemnisation liée à la rupture du CDI[36]. Ainsi, lorsque la discrimination porte sur la rupture du contrat, on constate que le préjudice est très bien pris en charge par les juridictions : le versement rétroactif des salaires s'accompagne aujourd'hui presque automatiquement du versement des cotisations sociales y afférentes et de la reconstitution des droits à la retraite, au chômage, aux congés payés, à l'indemnité de préavis. Mais sorti de l'hypothèse particulière de la perte d'emploi, la nullité de l'acte discriminatoire est parfois bien inutile. Par exemple, le salarié victime d'un harcèlement discriminatoire n'a que faire de la nullité des actes discriminatoires qui seraient prononcés par le juge, cela ne répare en rien ses préjudices.

L'angle mort des actes négatifs. Par ailleurs, beaucoup de discriminations ne résultent pas d'actes positifs, mais plutôt d'actes négatifs. Par exemple, un refus d'embauche, une abstention de l'employeur de proposer une formation, ou la promotion systématique d'un autre malgré des mérites et une ancienneté équivalents ou supérieurs. Annuler un acte négatif ne produit pas toujours le même effet. Bien que le droit européen plaide pour que l'effet de la nullité conduise au recrutement, à la promotion ou à l'accès à la formation pour les personnes injustement évincées, cette approche demeure une forme d'ingérence du juge dans la gestion des entreprises, contraire à la liberté d'entreprendre, qu'il manie avec une extrême parcimonie. Dans bien des cas, il ne sera donc possible que de réparer pécuniairement le préjudice subi par la victime du refus discriminatoire.

L'intérêt de tenter de prouver l'ampleur du préjudice. Qu'il s'agisse d'actes positifs ou négatifs, l'aménagement de la charge de la preuve ne vaut que pour démontrer l'existence de la discrimination, pas pour démontrer le préjudice qu'elle a causé. La preuve du préjudice relève dès lors du droit commun et pèse donc sur le demandeur à l'action en justice. On mesure ici l'ampleur inouïe de la tâche pour la victime de la discrimination.

Outre la perte de l'emploi dont l'indemnisation est assez « mécanique » du fait de la nullité, c'est le préjudice de carrière qui a été le plus développé par les justiciables. Il faut dire qu'il y a beaucoup à gagner compte tenu, d'une part, de la quasi-imprescriptibilité des actes discriminatoires[37] et compte tenu, d'autre part,

---

[36] Cass. soc., 14 mai 2024, n° 22-16287.

[37] Par ex : Cass. soc., 22 mars 2007, n° 05-45163 ; le délai débute seulement une fois la discrimination révélée dans tous ses effets, y compris en matière de retraite…

que « les dommages et intérêts réparent l'entier préjudice résultant de la discrimination, pendant toute sa durée » (C. trav., art. L. 1134-5, al. 3).

La preuve du préjudice de carrière par un panel de comparaison. Pour démontrer un préjudice de carrière, la première étape va être de démontrer l'ampleur de la sous-rémunération ou de la perte de chance d'obtenir une promotion en élaborant un panel de comparaison[38]. Le salarié devra donc obtenir l'ensemble des bulletins de salaire des collègues embauchés à la même période que lui et à un niveau équivalent. La comparaison de leur rémunération respective en fin de carrière permettra de calculer l'écart global de rémunération sur l'ensemble de la carrière (à l'aide de la formule de calcul de l'aire d'un triangle aussi appelé « méthode Clerc »).

Calcul du préjudice financier par la méthode « Clerc »

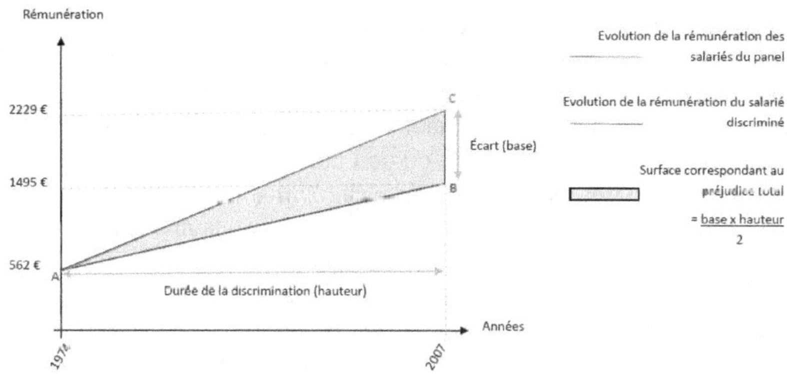

L'utilisation de panels a été largement admise et leur constitution facilitée par la Cour de cassation[39]. Quant aux cours d'appel, elles semblent en accord avec la méthode Clerc pour en déduire une évaluation du préjudice de carrière[40]. Très efficaces (surtout devant les juges professionnels, moins devant les juges prud'homaux), ces méthodes nécessitent tout de même un effort considérable de la part du salarié victime (et de son avocat) pour obtenir et compiler les données de comparaison pertinentes (qui seront évidemment contestées par l'employeur) et établir la méthode de calcul la plus adéquate (par ex., à l'aire d'un triangle

[38] Chappe V.-A. (2011), « La preuve par la comparaison : méthode des panels et droit de la non-discrimination », *Sociologies pratiques*, 2011/2, n° 23, pp. 45-55, https://lext.so/OUNXz_.

[39] Peyronnet M., « Discrimination : l'aménagement probatoire n'exclut pas le référé probatoire », note ss Cass. soc., 22 sept. 2021, n° 19-26144, F-B, *Dalloz actualité*, 14 oct. 2021 ; *D.* 2022, p. 132, obs. S. Vernac ; *ibid.*, p. 431, obs. Aynès A. ; *RTD civ.* 2021, p. 887, obs. Barbie H.

[40] « Discrimination hommes/femmes dans l'emploi : une femme obtient plus de 350 000 € d'indemnités devant la cour d'appel », Lexbase, Le Quotidien, 5 mai 2010, brèves.

certains avocats proposent de substituer l'aire d'un trapèze lorsque l'on constate que les femmes sont recrutées à un salaire systématiquement inférieur). La constitution des panels est devenue un tel enjeu stratégique que certains syndicats ont tenté d'en faire un objet de négociation dans le cadre des accords sur les carrières syndicales[41].

Lorsqu'au défaut d'évolution de la rémunération s'ajoute une perte de chance d'obtenir une promotion, le calcul devient encore plus complexe. Il suppose de calculer la probabilité qu'aurait eue une personne d'obtenir une promotion à chaque étape de sa carrière et d'y appliquer pour chacune le coefficient de rémunération de l'année au cours de laquelle la promotion aurait pu être obtenue. Ce type de calcul peut être systématisé dans les contentieux où il existe un grand nombre de victimes de la discrimination et où l'effort de démonstration va profiter à tous. On en a eu une rare et précieuse illustration dans le contentieux des Chibanis contre la SNCF[42].

L'impossible preuve de l'intégralité du préjudice. Le préjudice découlant d'une discrimination ne se résume pas à la non-obtention ou à la perte d'un emploi, à l'absence d'opportunités professionnelles ou de rémunérations. Elle a des répercussions sur la vie de la personne dans toutes ses sphères. Démontrer ces répercussions n'est pas chose aisée tant elles sont variées : problèmes de santé divers[43] du fait d'épisodes dépressifs ou de l'absence de recours au soin du fait d'une estime de soi détériorée, perte de chances d'améliorer sa qualité de vie (voyage, logement, etc.), perturbation de la vie affective, familiale et/ou amicale, etc.[44]. C'est aussi pour la preuve de ces conséquences très variées que le législateur n'a prévu aucun aménagement. La victime aura pour tâche de démontrer que chaque préjudice invoqué a été causé en tout ou partie par le fait discriminatoire. Ainsi, à titre d'exemple, la personne qui voudrait démontrer que la stagnation discriminatoire de sa rémunération a été la cause de sa non-accession à la propriété devra avoir eu la présence d'esprit de tenter d'acheter un logement et de conserver le refus de prêt opposé par la banque en raison du dépassement de son taux d'endettement. Un tel comportement suppose d'avoir conscience d'être discriminé parfois des dizaines d'années avant d'intenter un recours. Or, on sait

---

[41] V. la demande d'injonction formulée dans le cadre de l'action de groupe contre l'entreprise SAFRAN qui n'a pas prospéré devant le juge judiciaire : M. Peyronnet, « L'action de groupe "discrimination" a déjà atteint ses limites », note ss TJ Paris, 15 déc. 2020, n° 18/04058, *Dalloz actualité*, 11 janv. 2021 ; *Dr. ouvrier* 2021, p. 321, note Guiomard F. ; *SSL* 2021, n° 1941, p. 8, note Bugada A. et Wolmark C.

[42] CA Paris, 31 janv. 2018, 15/11398 : M. Peyronnet, « Affaire *Chibanis* : évaluation du préjudice résultant de la discrimination », *Dalloz actualité*, 13 févr. 2018.

[43] V. par exemple une méta-analyse sur la question des conséquences du racisme sur la santé : Paradies Y., Ben J., Denson N., Elias A., Priest N., Pieterse A., … et Gee G. (2015), « Racism as a determinant of health : a systematic review and meta-analysis », *PloS one*, 10(9), e0138511.

[44] V. théorie des capabilités développée par Sen A. (2000), *Un nouveau modèle économique. Développement, justice, liberté*. Odile Jacob.

que les discriminations s'installent avec le temps et ne se révèlent qu'en examinant le déroulé de carrière de manière rétroactive au regard des éléments de comparaison pertinents. Raison pour laquelle la Cour de cassation ne prescrit l'action en matière de discrimination qu'une fois celle-ci révélée par la cessation de ses effets[45] ou par l'obtention de tous les éléments de preuve permettant de réaliser une comparaison et d'évaluer l'ampleur de la discrimination[46].

L'impact positif de l'intervention d'autorités administrative, judiciaire ou constitutionnelle dans le contentieux. L'obtention des preuves pertinentes et leur réception par les juges varient fortement selon que l'inspection du travail, un juge[47] d'instruction ou le Défenseur des droits est intervenu dans la procédure. Leurs pouvoirs d'enquête et de saisie des documents comptables et RH facilitent grandement le travail du salarié victime. La caution morale du Défenseur des droits, lorsque ce dernier intervient à l'instance, n'est pas non plus négligeable, au point que certains regrettent le déséquilibre créé par son intervention à l'encontre du défendeur en raison, notamment, d'un principe du contradictoire non applicable au stade de l'enquête administrative[48].

Les variations autour de la preuve des discriminations sont donc nombreuses en droit privé (on pourrait encore y ajouter les variations relevant du droit public) mais, sous l'impulsion du droit européen et à défaut d'intervention du législateur, les juges tentent de réduire les conséquences de ces variations afin de garantir l'effectivité du principe de non-discrimination.

2. Des variations atténuées au service de l'effectivité du principe de non-discrimination

Les variations précédemment évoquées montrent comment le droit du travail vise à protéger les salariés victimes d'une discrimination que ce soit en facilitant la preuve de la discrimination ou en sanctionnant toute forme de discrimination même indirecte, alors que le droit pénal dont la finalité est de sanctionner l'auteur de la discrimination fait fi de l'inégal accès à la preuve dans une relation de travail, probablement en raison de la gravité des sanctions pénales encourues. La plupart de ces variations sont essentiellement inhérentes à l'objet (pour ne pas dire à l'objectif) de l'action engagée et à cet égard, elles sont immuables. Mais nous constatons que d'autres variations en matière de preuve des discriminations s'atténuent et permettent un renforcement de l'effectivité du principe de non-discrimination.

Depuis un revirement de jurisprudence, l'assemblée plénière de la Cour de cassation retient désormais « que, dans un procès civil, l'illicéité ou la déloyauté

---

[45] Cass. soc., 31 mars 2021, n° 19-22557 – Cass. soc., 23 juin 2021, n° 20-10020.

[46] Cass. soc., 5 janv. 2022, n° 20-10140.

[47] Sur l'office du juge en matière de preuve de la discrimination : Défenseur des droits, décision-cadre n° 2022-139, 31 août 2022.

[48] Sereno S. (2015), *Le défenseur des droits et les discriminations dans l'emploi*, PUAM, 793 p.

dans l'obtention ou la production d'un moyen de preuve ne conduit pas nécessairement à l'écarter des débats »[49]. Cette atténuation de la variation tenant au mode de preuve admis au civil et au pénal pourrait aider le salarié à apporter la preuve (ou la présomption) de la discrimination dont il est victime devant le juge prud'homal (2.1). De même, alors qu'il repose classiquement et initialement sur le demandeur, l'effort probatoire (même allégé devant le juge prud'homal) est progressivement partagé, le salarié discriminé peut être aidé pour prouver ; ou rendu inutile, l'indemnisation est acquise malgré l'absence de preuve du préjudice (2.2).

1.1. Vers une unification des modes de preuve

Une variation des modes de preuve entre procès civil et procès pénal. Le principe de liberté de la preuve se trouve tant dans le Code civil que dans le Code de procédure pénale (C. civ., art. 1358 – CPP, art. 427). Partant, le juge pénal admet la recevabilité des preuves apportées par le salarié, même lorsqu'elles ont été obtenues de façon déloyale. La chambre criminelle rappelle régulièrement qu'« aucune disposition légale ne permet aux juges répressifs d'écarter les moyens de preuve produits par les parties au seul motif qu'ils auraient été obtenus de façon illicite ou déloyale. Il leur appartient seulement, en application de l'article 427 du Code de procédure pénale, d'en apprécier la valeur probante »[50]. L'admission des preuves déloyales devant le juge pénal est souvent rattachée à la recherche de la vérité, nécessaire avant toute condamnation. Mais, en matière civile, l'assemblée plénière s'est fondée sur les articles 9 du Code de procédure civile et 6, § 1, de la Convention de sauvegarde des droits de l'Homme et des libertés fondamentales pour poser un principe prétorien de loyauté dans l'administration de la preuve et juger que « l'enregistrement d'une communication téléphonique réalisé à l'insu de l'auteur des propos tenus constitue un procédé déloyal rendant irrecevable sa production à titre de preuve »[51]. Dès lors, il était admis que le juge prud'homal devait nécessairement écarter des débats toute « preuve déloyale comme issue d'un procédé clandestin de surveillance de l'activité du salarié »[52]. On comprend alors que cette variation pourrait rendre difficile, voire impossible, la preuve de certains faits discriminatoires qui ne pouvaient être établis autrement par le salarié. La recevabilité du *testing* comme mode de preuve de la discrimination devant le juge prud'homal constitue une première atténuation de cette variation.

La recevabilité de la preuve par *testing* devant les juges civil et pénal. Une opération de *testing* peut être définie comme une forme de « simulation par laquelle des personnes "testent" en conditions réelles l'existence de pratiques

---

[49] Cass. ass. plén., 22 déc. 2023, n° 20-20648.

[50] Cass. crim., 11 juin 2002, n° 01-85559.

[51] Cass. ass. plén., 7 janv. 2011, n° 09-14316 – Cass. ass. plén., 7 janv. 2011, n° 09-14667.

[52] Par ex : Cass. soc., 17 mars 2021, n° 18-25597.

discriminatoires »[53]. Typiquement, un candidat à l'emploi qui a le sentiment d'avoir été discriminé à l'embauche en raison de son origine pourra envoyer plusieurs candidatures avec le même profil en ne modifiant que l'origine du candidat. Une réponse différenciée de l'employeur pour le profil test permettra de dévoiler un comportement discriminatoire. Comme le souligne le Défenseur des droits, « le *testing* peut être utile tant pour mesurer des phénomènes de discrimination de masse (*testings* statistiques) que pour établir au contentieux une présomption de discrimination (*testings* individuels) »[54]. Mais cette méthode est nécessairement clandestine : la personne mise en cause est en quelque sorte piégée, mais sans pour autant avoir été provoquée à la discrimination. Preuve déloyale par nature, le résultat de l'opération de *testing* a d'abord été admis par la jurisprudence devant le juge pénal[55] avant d'être consacré par la loi n° 2006-396 du 31 mars 2006 pour l'égalité de chances à l'article 225-3-1 du Code pénal. Il est désormais expressément prévu que les délits de discrimination sont constitués « même s'ils sont commis à l'encontre d'une ou plusieurs personnes ayant sollicité l'un des biens, actes, services ou contrats mentionnés à l'article 225-2 dans le but de démontrer l'existence du comportement discriminatoire, dès lors que la preuve de ce comportement est établie ». La preuve par *testing* a enfin été admise en matière civile par l'article 4 de la loi précitée du 27 mai 2008, tel qu'il a été modifié par la loi n° 2017-86 du 27 janvier 2017 relative à l'égalité et à la citoyenneté, selon lequel « le fait que la victime ait seulement poursuivi l'objectif de démontrer l'existence d'un agissement ou d'une injonction discriminatoire n'exclut pas, en cas de préjudice causé à cette personne, la responsabilité de la partie défenderesse ». Alors que la preuve par *testing* a ainsi été admise par le législateur (sans préjuger pour autant de sa force probante souverainement appréciée par les juges du fond), la haute juridiction admet désormais qu'une autre preuve déloyale ne doit pas être automatiquement écartée du débat par le juge prud'homal. La variation quant aux modes de preuve est ainsi largement atténuée.

La recevabilité de la preuve déloyale dans le cadre des procès pénal et civil. Lorsque le salarié ou le candidat à l'emploi n'a aucun autre élément de preuve pour faire valoir ses droits, l'exigence de loyauté en matière civile entre en conflit avec le droit à la preuve reconnu par la Cour européenne des droits de l'Homme[56]. C'est pourquoi la chambre sociale de la Cour de cassation a reconnu que le droit à la preuve pouvait justifier la production d'éléments de preuve déloyaux à la condition que cette production soit nécessaire à l'exercice de ce droit et que l'atteinte soit proportionnée au but poursuivi[57]. Elle fut ensuite

---

[53] Lasserre-Capdeville J., « La preuve des discriminations : le regard du pénaliste », *Dr. soc.* 2020, p. 338 – par ex. pour prouver une politique d'embauche discriminatoire : Cass. crim., 12 nov. 2014, n° 13-84318.

[54] Défenseur des droits, Lutter contre les discriminations : les recommandations transversales du Défenseur des droits, févr. 2024, p. 5.

[55] Cass. crim., 11 juin 2002, n° 01-85559.

[56] Not. CEDH, 10 oct. 2006, n° 7508/02, *L.L. c./ France*.

[57] Cass. soc., 9 nov. 2016, n° 15-10203 – Cass. soc., 30 sept. 2020, n° 19-12058.

confortée par l'assemblée plénière, qui admet désormais « que, dans un procès civil, l'illicéité ou la déloyauté dans l'obtention ou la production d'un moyen de preuve ne conduit pas nécessairement à l'écarter des débats. Le juge doit, lorsque cela lui est demandé, apprécier si une telle preuve porte une atteinte au caractère équitable de la procédure dans son ensemble, en mettant en balance le droit à la preuve et les droits antinomiques en présence, le droit à la preuve pouvant justifier la production d'éléments portant atteinte à d'autres droits à condition que cette production soit indispensable à son exercice et que l'atteinte soit strictement proportionnée au but poursuivi »[58]. Cette mise en balance de la loyauté de la preuve avec le droit à la preuve, à travers un contrôle de proportionnalité dévolu aux juges du fond, permet ainsi au salarié de rendre vraisemblable la discrimination qu'il subit en produisant des éléments déloyaux. Une telle uniformisation des modes de preuve devant le juge pénal et le juge prud'homal était donc particulièrement indispensable dans le contentieux de la discrimination « où la preuve est fort difficile à rapporter si l'on n'y accepte pas une part d'ombre »[59].

Certes, toutes les preuves déloyales ne seront pas automatiquement admises comme au pénal mais elles le seront lorsqu'à défaut, le salarié est dans l'impossibilité de faire valoir son droit à la non-discrimination. À cet égard, la variation n'est pas encore complètement absente, mais son atténuation tend à simplifier l'effort nécessaire à l'administration de la preuve. Celui-ci sera d'autant moins lourd pour le salarié que d'« autres » s'associeront à lui pour l'aider à prouver la discrimination.

2.2. Vers une uniformisation souhaitable de l'effort probatoire

Cette dernière partie se veut plus prospective ou du moins vise à apporter en guise de conclusion quelques éclairages sur ce qui pourrait être envisagé afin d'atténuer encore les variations autour de la preuve des discriminations. Ces variations apparaissent en effet comme nuisibles à l'intelligibilité des mécanismes visant à lutter contre les discriminations. Si certaines sont immuables, comme la distinction nécessaire entre droit pénal et droit civil, il nous semble important d'en atténuer les autres manifestations, d'autant plus si cela permet d'améliorer l'effectivité du droit de la non-discrimination.

Face à la complexification des débats devant le juge, l'aménagement de la charge de la preuve tel qu'il a été conçu semble aujourd'hui dépassé dans son objectif d'amélioration de la situation de la victime. Si la victime bénéficie d'un allègement de la charge de la preuve devant les juridictions civiles, on constate très rapidement les limites de cette preuve incomplète. Si la victime parvient à démontrer qu'il existe une différence de traitement sans pour autant la quantifier, elle ne pourra pas prétendre à l'indemnisation intégrale de son préjudice. Si elle

---

[58] Cass. ass. plén., 22 déc. 2023, n° 20-20648 – v. aussi Cass. soc., 17 janv. 2024, n° 22-17474 – Cass. soc., 2 mai 2024, n° 22-16603 – Cass. soc., 6 juin 2024, n° 22-11736.

[59] Adam P., « Sur la recevabilité d'un moyen de preuve illicite – Nouvelle variation sur le droit à la preuve », *Dr. soc.*, 2022, p. 81.

parvient à démontrer qu'un critère utilisé par l'employeur possède un effet discriminatoire, la charge probatoire se déplacera sur l'employeur qui pourra tenter de fournir une justification *a posteriori* de sa décision en cause. Si la réalité de cette justification apparaît probable, la victime devra démontrer que la motivation de l'employeur était en réalité autre ce qui se rapproche d'avoir à apporter la preuve d'une intention discriminatoire. La complexification du contentieux conduit donc à fortement réduire l'impact de l'aménagement de la preuve. C'est la raison pour laquelle il semble nécessaire, d'une part, de rendre inutile la multiplication des preuves par le salarié (2.2.1) et, d'autre part, de fournir au salarié le concours de tiers pour faire valoir ses droits (2.2.2).

2.2.1. Vers une atténuation du besoin de preuve

Selon que la discrimination porte ou non sur la rupture du contrat, sur la carrière ou sur un refus de recrutement, la victime est plus ou moins démunie face à l'effort probatoire à fournir pour obtenir une réparation. Dans certaines de ces situations, la victime ne pourra faire valoir qu'un préjudice moral faute de pouvoir démontrer un lien de causalité suffisant avec sa situation matérielle. Si l'on prend l'exemple de la discrimination à l'embauche commise à l'occasion d'une procédure de recrutement dans une entreprise, celle-ci n'est pas la cause des années sans emploi qui ont précédé la candidature, elle est seulement à l'origine de la perte de chance d'obtenir cet emploi spécifique. Si l'on utilise une expression courante : *l'employeur qui verse LA goutte d'eau qui fait déborder le vase est-il responsable du préjudice causé par l'humidité présente sur la table du fait du débordement* ? Le préjudice moral d'une telle situation résulte du traitement discriminant de la candidature de la personne par de nombreux employeurs et non seulement un seul. La multiplicité des auteurs dans le maintien d'une personne en situation de chômage rend la discrimination insoutenable pour la victime et la réparation pouvant être obtenue par la condamnation d'un seul de ces auteurs sera particulièrement faible. C'est la raison pour laquelle, pour éviter aux victimes d'avoir à démontrer le caractère systémique de l'exclusion de l'emploi, pour éviter d'avoir à démontrer les conséquences psychologiques de ces rejets successifs, la mise en place d'une indemnisation minimale garantie serait intéressante.

Le droit de la responsabilité civile rejette depuis toujours l'idée qu'un juge puisse octroyer des dommages et intérêts punitifs (comme aux États-Unis par exemple). La règle est à l'indemnisation intégrale du préjudice, c'est-à-dire l'indemnisation de l'entier préjudice et de lui seul, sans pertes ni profit pour la victime[60]. Il n'est pas possible d'aller au-delà. Or, pour indemniser l'entier préjudice, cela suppose un effort de la part de la victime de prouver l'ampleur de ce préjudice. Une telle contrainte a rapidement été perçue comme quasi insurmontable dans certains contentieux portant par exemple sur une violation du droit à l'image ou de la vie privée. Pour y remédier, le juge civiliste a développé la notion

[60] Cass. 2e civ., 9 nov. 1976, n° 75-11737.

de « préjudice nécessaire »[61]. La reconnaissance d'un « préjudice nécessaire » permet d'octroyer une indemnisation sans avoir prouvé l'existence du préjudice. Cela permet de lutter en partie contre ce que l'on appelle les fautes lucratives, celles pour lesquelles il est économiquement préférable de les commettre et de réparer la victime en cas de recours plutôt que de respecter le droit.

Beaucoup de violations du droit du travail constitueraient des fautes lucratives sans l'existence d'une indemnisation minimale. C'est le cas par exemple pour les situations de travail dissimulé (C. trav., art. L. 8223-1) ou pour le licenciement (C. trav., art. L. 1235-3).

Ainsi, outre la nullité du licenciement qui permet l'obtention de nombreux rappels de salaire, si le salarié discriminé refuse de réintégrer son emploi il bénéficiera d'une indemnisation couvrant l'intégralité de son préjudice (contrairement aux autres licenciements qui sont soumis au barème d'indemnisation issu des ordonnances *Macron* de 2017) et cette indemnisation devra être au minimum de six mois de salaires (C. trav., art. L. 1235-3-1). Avant ces ordonnances, ce plancher était de 12 mois de salaire d'indemnisation pour toute rupture discriminatoire du contrat de travail ce qui permettait de couvrir un préjudice beaucoup plus important sans avoir à fournir de preuve.

Dans toutes les hypothèses où le législateur ne fixe aucun plancher d'indemnisation, le juge du travail a développé lui aussi toute une jurisprudence reconnaissant un préjudice nécessaire du fait de la violation d'obligations légales. Cette jurisprudence a été brutalement remise en cause par la Cour de cassation en 2016[62] avant de réapparaître à chaque fois qu'était en cause une violation d'une obligation ou d'une norme internationale ou européenne[63]. L'effectivité de ces normes dépendant de l'existence de sanctions « dissuasives », la possibilité pour un juge de ne pas condamner l'auteur au versement de dommages et intérêts en raison de l'absence de preuve d'un préjudice est contraire à l'objectif d'effectivité. Les normes anti-discriminatoires relèvent de cette catégorie[64]. Si le juge admet l'existence d'un préjudice nécessaire, alors la victime n'a pas besoin de preuve pour obtenir une réparation, ce qui réduit les risques quant à l'existence ou non d'une indemnisation. Cela ne réduit pas en revanche les variations quant au montant qui pourra être obtenu. Le Défenseur des droits constate d'ailleurs que les dommages et intérêts sont parfois purement symboliques, que ce soit devant les juridictions prud'homales ou devant les juridictions pénales au regard du

---

[61] Cass. 1re civ., 5 nov. 1996, n° 94-14798 – Cass. 1re civ., 6 oct. 1998, n° 96-13600 – Cass. 2e civ., 18 mars 2004, n° 02-13529 – Cass. 3e civ., 25 févr. 2004, n° 02-18081, *Bencherif c/ Facenda* : Huglo J.-G., « La Cour de cassation et la réparation en droit du travail », *Dr. soc.* 2023, p. 286.

[62] Cass. soc., 13 avr. 2016, n° 14-28293, *Foubert c/ RQS.*

[63] Huglo J.-G., « La Cour de cassation et la réparation en droit du travail », *Dr. soc.* 2023, p. 286 – par ex : Cass. soc., 26 janv. 2022, n° 20-21636 – Cass. soc., 11 mai 2023, n° 21-22281.

[64] CJUE, 10 avr. 1984, n° C-14/83, *Von Colson et Kamann.*

montant des amendes prononcées, ce qui ne permet pas de remplir l'objectif de dissuasion en principe attaché à l'indemnisation ou à la sanction[65].

Pour cela, l'existence d'un plancher d'indemnisation fixé par le législateur est indispensable et une aide à la preuve reste essentielle.

2.2.2. Vers une preuve partagée

Le dernier facteur de variation sur lequel il est possible d'influer concerne l'aide apportée aux victimes dans le cadre de leur procès. En effet, l'intervention à l'instance d'autorités administratives (inspection du travail, CNIL), judiciaires (juge d'instruction, procureur), ou constitutionnelles (défenseur des droits), améliore nécessairement les chances de réussite du contentieux pour la victime. Il n'existe pour l'heure pas de données concernant l'augmentation des chances de réussite d'un dossier suivi ou non par le Défenseur des droits, mais celui-ci sélectionnant avec minutie les contentieux sur lesquels il intervient (suivant une logique d'appui des contentieux stratégiques susceptibles de faire évoluer le droit), il semble évident que son intervention démontre *a minima* au juge le caractère sérieux de l'affaire qu'il a devant lui.

Si l'intervention syndicale facilite l'accès à la preuve pour la victime, l'intervention d'autorité publique améliore les chances de réussite en raison du poids (en partie moral) de ces institutions. Leur intervention à l'instance permet d'objectiver une situation qui peut parfois être perçue, lorsqu'elle est décrite par les seuls mots de la victime, comme un simple sentiment d'être discriminé, faute de preuves plus tangibles (mais inutiles au regard de l'aménagement de la charge de la preuve). Les pouvoirs d'enquête et d'accès aux documents de l'entreprise dont disposent ces autorités permettent également de faciliter la communication des éléments chiffrés pouvant étayer une discrimination.

On notera néanmoins qu'à l'égard de l'accès aux données et aux moyens d'objectiver une situation discriminatoire, il demeure une variation inhérente aux motifs de discrimination en cause. Le droit de l'Union européenne promeut de plus en plus la transparence sur les rémunérations et sur l'évolution de carrière au prisme du sexe[66]. La preuve d'une discrimination entre les femmes et les hommes est donc devenue très accessible du fait de l'existence de la base de données économiques, sociales et environnementales (BDESE : C. trav., art. L. 2312-18), mais également d'outils plus ou moins probants tels que l'index égalité professionnelle entre les femmes et les hommes (C. trav., L. 1142-8) qui, du fait de sa large publicité, offre aux victimes un premier élément d'information sur leur situation personnelle. Les discriminations relevant de motifs ne bénéficiant d'aucune collecte de données au sein de la BDESE (la « race », la religion, l'orientation

---

[65] V. Défenseur des droits, Lutter contre les discriminations : les recommandations transversales du Défenseur des droits, févr. 2024.

[66] PE et Cons., dir. n° 2023/970, 10 mai 2023, visant à renforcer l'application du principe de l'égalité des rémunérations entre les femmes et les hommes pour un même travail ou un travail de même valeur par la transparence des rémunérations et les mécanismes d'application du droit.

sexuelle…) sont beaucoup plus difficiles à démontrer de manière objective que les motifs qui peuvent en bénéficier (sexe, âge, handicap).

Certaines autorités scientifiques ou associatives peuvent intervenir à l'instance pour venir étayer ce qui, sans elles, ne serait perçu que comme une interprétation subjective des événements. Ainsi, le travail doctoral d'un sociologue a pu être mobilisé dans un contentieux sériel portant sur le traitement global discriminatoire fait à des travailleurs immigrés sur les chantiers de construction[67]. Ces appuis mobilisés par les avocats des victimes mériteraient à gagner en indépendance dans le but de véritablement peser sur le contentieux. Leur développement dans le contentieux des discriminations plaide pour l'admission en droit français des *amicus curiae* qui existent déjà au niveau européen.

L'intervention de tiers est considérablement amplifiée depuis la création en droit français des actions de groupe. Syndicats et associations de lutte contre les discriminations peuvent dorénavant orchestrer le contentieux de la discrimination en mettant en commun les expériences individuelles pour faire émerger la preuve d'un véritable système discriminatoire[68]. Si pour l'heure l'action de groupe est trop limitée pour être efficace (elle ne dispense pas d'un recours individuel si le salarié souhaite obtenir la réparation de son préjudice), son déploiement pourrait dans l'avenir être bénéfique pour les victimes qui n'auront plus à souffrir le poids d'un contentieux individuel. Ainsi, lorsque la victime rapportera les propos racistes tenus à son égard, son récit pourra être corroboré par les autres victimes potentielles qui pourront être recherchées et réunies par le syndicat ou l'association à l'origine de l'action. Ces actions portent en elles le germe d'une approche plus systémique de la lutte contre les discriminations.

Bibliographie

Adam P. (2022), « Sur la recevabilité d'un moyen de preuve illicite – Nouvelle variation sur le droit à la preuve », *Dr. Soc.*, p. 81

Défenseur des droits (2024), *Lutter contre les discriminations : les recommandations transversales du défenseur des droits*, https://lext.so/PWkd1V.

Huglo J.-G. (2023), « La Cour de cassation et la réparation en droit du travail », *Dr. soc.*, p. 286.

Lasserre-Capdeville J. (2020), « La preuve des discriminations : le regard du pénaliste », *Dr. soc.* p. 338

Lepage A. (2020), « Les motifs discriminatoires. Regard du pénaliste », *Dr. soc.*, p. 298.

[67] CPH Paris, 17 déc. 2019, n° 17/10051.

[68] V. sur le procédé de mise en perspective le travail réalisé dans le cadre de l'action de groupe sur les contrôles au faciès : CE, 11 oct. 2023, n° 454836, *Amnesty International France et a.*

Paradies Y., Ben J., Denson N., Elias A., Priest N., Pieterse A., … et Gee G. (2015), « Racism as a determinant of health : a systematic review and meta-analysis », *PloS one*, 10(9), e0138511.

Sen A. (2020), *Un nouveau modèle économique. Développement, justice, liberté.* Odile Jacob.

Sereno S. (2015), *Le défenseur des droits et les discriminations dans l'emploi*, PUAM, 793 p.

Supiot A. (2007), *Critique du droit du travail*, PUF, Quadrige.

Touillier M. (2016), « Réflexions sur l'opportunité d'étendre l'aménagement du fardeau probatoire en matière pénale », *in* Gründler T. et Thouvenin J.-M. (dir.), *La lutte contre les discriminations à l'épreuve de son effectivité. Les obstacles à la reconnaissance juridique des discriminations*, CEDIN, université de Nanterre, DDD/mission de recherche droit et justice, pp. 263-280.

« L'AMÉNAGEMENT DE LA CHARGE DE LA PREUVE, LORSQU'IL EXISTE, NE PORTE QUE SUR LA QUALIFICATION DE LA DISCRIMINATION. OR SI LA VICTIME INTENTE UN RECOURS CIVIL CONTRE L'AUTEUR D'UNE DISCRIMINATION, C'EST PRINCIPALEMENT POUR OBTENIR RÉPARATION DU PRÉJUDICE SUBI. SELON LA NATURE DU COMPORTEMENT DISCRIMINATOIRE, LA PREUVE DE L'AMPLEUR DU PRÉJUDICE SERA PLUS OU MOINS LOURDE. »

Sandrine Maillard & Marie Peyronnet

LES VARIATIONS DE LA JUSTICE ADMINISTRATIVE FRANÇAISE AUTOUR DU RÉGIME DE LA PREUVE DE LA DISCRIMINATION

CAROLINE EXPERT-FOULQUIER

Caroline Expert-Foulquier*, Maître de conférences en droit public à l'université de Limoges, OMIJ (UR 14476).*
caroline.expert-foulquier@unilim.fr

Résumé : Des variations de la justice administrative française se constatent dans la construction des règles d'administration de la preuve. La répartition du partage de la preuve est cependant moins spécifique que l'obligation imposée aux juges administratifs de mettre en œuvre des mesures d'instruction. Malgré ces importantes précisions jurisprudentielles, des difficultés de preuve demeurent dans le contentieux administratif des discriminations.

Mots-clés : Justice administrative ; Preuve ; Discrimination ; Partage de la preuve ; Procédure inquisitoriale

Introduction

Des variations de la justice administrative française dans la construction du régime de la preuve de la discrimination peuvent être constatées. Le Conseil d'État, juge administratif suprême de l'ordre juridictionnel administratif, assuma sa variation dans l'élaboration du régime jurisprudentiel de cette preuve, et l'expliqua notamment par l'intermédiaire de son rapporteur public Mattias Guyomar dans l'affaire *Perreux* de 2009[1]. Cette variation de la justice administrative n'était pas attendue à l'époque, du fait des contraintes dont de nombreux

[1] CE, ass., 30 oct. 2009, n° 298348, *Mme Perreux* : Lebon, p. 407, concl. Guyomar M. ; *AJFP* 2010, p. 76 ; *AJDA* 2009, p. 2028 ; *ibid.*, p. 2391 ; *ibid.*, 2009, p. 2385, chron. Liéber S.-J. et Bottegh D. ; *AJDA* 2010, p. 1412, étude Coutron L. ; *AJDA* 2014, p. 120, chron. Raynaud F. ; *D.* 2010, p. 553, obs. de Montecler M.-C., note Calvès G. ; *ibid.*, p. 351, note Chrestia P. ; *RFDA* 2009, p. 1125, concl. Guyomar M. ; *ibid.*, p. 1146, note Cassia P. ; *ibid.*, p. 1269, chron. Rambaud T. et Roblot-Troizier A. ; *ibid.* 2010, p. 126, note Canedo-Paris M. ; *ibid.*, p. 201, chron. Santulli C. ; *ibid.* 2011, p. 377, chron. Clément-Wilz L., Martucci F. et Mayeur-Carpentier C ; *RTD eur.* 2010, p. 223, note Ritleng D. ; *ibid*, p. 453, chron. Ritleng D., Bouveresse A. et Kovar J.-P.

ordres juridiques avaient conscience sur la preuve de la discrimination, et le droit de l'Union européenne ne prévoyait une dérogation au régime d'aménagement de la preuve que pour le droit pénal.

Cette variation jurisprudentielle du Conseil d'État n'est pas en réalité si étonnante. Le droit administratif français est un droit prétorien, construit patiemment par la justice administrative depuis plus de 200 ans. Le Conseil d'État revendique l'autonomie et la spécificité de ce droit. La question posée cependant, dans le cas particulier de la discrimination, est de savoir si le régime de preuve qu'il a élaboré, dont ses représentants indiquent qu'il est « équilibré »[2], prend bien en compte la difficulté de prouver les discriminations pour les requérants. À cet égard, les membres de la plus haute juridiction administrative ont compris qu'ils allaient subir d'importantes critiques s'ils ne passaient pas à l'étape supérieure, et s'ils ne faisaient pas en sorte de mieux protéger les requérants qui allèguent des discriminations. La justice administrative a connu dès lors, elle aussi, un bousculement des logiques procédurales[3]. La lutte contre les discriminations officiellement menée en France, et dans toute l'Union européenne, l'a conduit à appuyer sur l'accélérateur. Le Conseil d'État a ainsi construit un régime de preuve des discriminations devant le juge administratif « autonome » et « spécifique ». Des variations de la justice administrative française se constatent dès lors dans sa construction des règles d'administration de la preuve (1), mais aussi dans ses applications aux modes de preuve et à leur appréciation (2).

1. Des variations dans les règles d'administration de la preuve de la discrimination

De manière générale, la justice administrative n'utilise la règle *actori incumbit probatio* que dans de rares cas, notamment dans les actions en responsabilité administrative, mais même dans cette voie d'action, la jurisprudence indique souvent aux juges administratifs comment soulager les requérants[4]. Il y a, en outre, bien longtemps que le droit administratif, sous l'impact de la jurisprudence du Conseil d'État, allège la charge de la preuve des requérants qui s'estiment victimes d'atteintes au principe d'égalité ou de comportements discriminatoires. C'est cette particularité qui a conduit la justice administrative à assumer ses différences avec d'autres types de droits et de procédures, en ce qui concerne le

[2] Stirn B., « Le juge administratif et les discriminations », intervention lors du colloque Dix ans de droit de la non-discrimination, organisé par le Défenseur des droits à la Cour de cassation, 5 oct. 2015.

[3] Selon Delphine Tharaud, « la recherche d'une égalité réelle a, depuis le début de la construction du droit de la non-discrimination, bousculé les logiques procédurales. » *in* Tharaud D. et Chappe V.-A., « Quelle(s) preuve(s) pour la discrimination systémique ? », *RDT* 2023, p. 85.

[4] De manière caractéristique, les régimes jurisprudentiels de responsabilité sans faute sont souvent justifiés par les difficultés probatoires d'établissement de la faute administrative par les administrés. V. Foulquier C. (2013), *La preuve et la justice administrative française*, Logiques juridiques, L'Harmattan.

régime de la preuve des discriminations (1.1). Cela l'a conduit à produire un régime d'aménagement de la preuve de la discrimination, comme l'y invitait le droit de l'Union européenne, mais d'une nature spécifique (1.2).

1.1 Des variations assumées avec d'autres catégories de droits et de procédures

La justice administrative française a réussi à imposer l'autonomie et la spécificité du droit administratif vis-à-vis du droit commun[5]. Cette spécificité s'est particulièrement affirmée dans la voie d'action que constitue le recours pour excès de pouvoir, et de manière moins connue dans le champ de l'administration de la preuve[6]. Aussi ne faut-il pas être si étonné des variations assumées par la justice administrative sur la charge de la preuve de la discrimination vis-à-vis des règles prévues par le droit de l'Union européenne.

La charge de la preuve est spécifique devant le juge administratif, particulièrement dans le recours pour excès de pouvoir : « Le Conseil d'État a développé une théorie objective de la preuve dans laquelle le principe de base du droit civil selon lequel la preuve incombe au demandeur a toujours été relativisé »[7]. Comme l'indiquait le rapporteur public Maxime Letourneur en 1954 : « Le juge administratif, en matière d'excès de pouvoir, sans mettre la preuve exactement à la charge du requérant ou de l'administration, apprécie librement au vu de l'ensemble du dossier si les faits allégués par l'un ou par l'autre peuvent être regardés comme établis ou exacts »[8]. Si le Conseil d'État a depuis clairement affirmé que la charge de la preuve n'existe pas dans le recours pour excès de pouvoir[9], il peut tout de même être précisé qu'il existe une charge de l'allégation, ou du commencement de preuve, pour le requérant[10].

[5] L'arrêt *Blanco* du 8 février 1873 du Tribunal des conflits est généralement cité comme le fondement de la reconnaissance de cette autonomie et de cette spécificité. Cet arrêt ne doit pas cependant être conçu comme le fruit d'un accord entre juges judiciaires et juges administratifs composant à parité le Tribunal. Les historiens du droit ont pu montrer que c'est le ministre de la Justice, présidant à l'époque le Tribunal des conflits, qui dût départager l'opposition entre les juges à la Cour de cassation et ceux du Conseil d'État, et fit pencher la jurisprudence du côté d'une position juridique adoptée par le Conseil d'État en 1855 avec l'arrêt *Rotschild.* V. Bigot G. (2024), « Tribunal des conflits, 8 février 1873, n° 00012, *Blanco* », *Les grands arrêts de la jurisprudence administrative. Approche politique,* LGDJ, 2e éd., p. 50 et s.

[6] Pactet P. (1952), *Essai d'une théorie de la preuve devant la juridiction administrative*, Pédone ; Colson J.-P. (1970), *L'office du juge et la preuve dans le contentieux administratif,* LGDJ ; Foulquier C. (2013), *La preuve et la justice administrative française,* Logiques juridiques, L'Harmattan.

[7] Blancpain F. (2017), « Existe-t-il un droit à la preuve dans le contentieux de l'excès de pouvoir ? », *Justice et Cassation*, p. 13.

[8] CE, ass., 28 mai 1954, *Barel et a.* : Lebon, p. 308, concl. Letourneur M.

[9] CE, 16 nov. 2012, n° 354108, *Mme Cordière* : Lebon, p. 394, concl. Mme Bourgeois-Machereau ; *AJDA* 2012, p. 2373, chron. Domino X. et Bretonneau A. ; *Dr. adm.* 2012, p. 14, note Eveillard G.

[10] Foulquier C. (2013), *La preuve et la justice administrative française,* Logiques juridiques, L'Harmattan.

Le Conseil d'État a ainsi assumé de longue date ne pas se laisser dicter par la charge de la preuve, mais par les éléments contenus dans le dossier. Il a également décidé de réclamer à l'administration les éléments manquants, nécessaires au contrôle du juge administratif, qu'elle seule est susceptible de détenir[11]. Selon Frédéric Blancpain, « la jurisprudence consacrait, dès le XIXe siècle, la liberté de la preuve en matière administrative, le respect du contradictoire dans l'administration de la preuve et un large pouvoir d'instruction permettant au Conseil d'État, lorsque le requérant apporte lui-même un commencement de preuve, d'"inviter" les administrations à produire les éléments de preuve qu'elles détiennent afin de lui permettre de juger en pleine connaissance de cause »[12].

L'intérêt de ce système va se manifester dans l'affaire *Barel*[13], connue pour être l'affaire d'une éclatante discrimination pour motif politique dans l'accès aux concours[14]. L'approche « objective » de la preuve permit au Conseil d'État de reconnaître une rupture d'égalité dans le refus d'accès de plusieurs candidats au concours d'entrée de l'École nationale d'administration en raison de leur opinion politique, alors qu'ils ne disposaient pas de preuves matérielles de la discrimination[15]. Le Conseil d'État n'attendit pas de la part des requérants qu'ils apportent la preuve de la discrimination subie. Éveillé par leur récit, il ordonna des explications de la part du ministre, lequel ne les fournit pas. Or « faute d'avoir reçu du gouvernement les informations et communications réclamées, le Conseil d'État devait regarder "comme établi" le motif illégal que les requérants prétendaient avoir inspiré leur refus d'admission à concourir »[16].

Il ne faut pas cependant surestimer le rôle des règles d'administration de la preuve dans ce type de dossiers. Comme on a pu le constater dans l'affaire *Barel*, c'est moins la charge de la preuve qui constitua la clé du dénouement (juridique) du dossier, que le souhait du Conseil d'État de ne pas laisser l'administration s'appuyer sur son pouvoir discrétionnaire pour empêcher le contrôle juridictionnel du juge administratif, le ministre ayant refusé de communiquer le dossier en s'appuyant sur la liberté d'appréciation dont le gouvernement dispose dans

---

[11] Par ex. pour un supplément d'instruction ordonné par le Conseil d'État, v. CE, 16 juin 1849, *Sieur Pacros* : Lebon, p. 342.

[12] Blancpain F. (2017), « Existe-t-il un droit à la preuve dans le contentieux de l'excès de pouvoir ? », *op. cit.*

[13] CE, ass., 28 mai 1954, *Barel et a.* : Lebon, p. 308, concl. Letourneur M. ; *D.* 1954, p. 594, note Morange A. ; *S.* 1954.3, p. 97, note Mathiot A ; *RPDA* 1954, p. 149, concl., note Eisenmann C. ; *Rev. adm.* 1954, p. 393, note Liet-Veaux G.; *AJDA* 1954, II, p. 396, chron. Long M. ; *RDP* 1954, p. 509, concl., et note Waline M.

[14] Les débats parlementaires et médiatiques évoquaient expressément la « discrimination politique » subie par les candidats évincés en raison de leurs opinions communistes (Chevallier J. (2024), « CE, 28 mai 1954, Barel et autres », *Les grands arrêts de la jurisprudence administrative. Approche politique*, LGDJ, 2e éd., p. 595 et s.).

[15] Jacques Chevallier explique que le motif politique de ces refus semblait être attesté par les explications données à l'un d'entre eux par le directeur de l'ENA : Chevallier J. (2024), « CE, 28 mai 1954, Barel et autres », *op. cit.*, p. 595.

[16] Pacteau B., *Rép. cont. Adm. Dalloz*, v° Preuve, 2016, § 103.

l'examen des candidatures[17]. En réalité, à cette époque encore, l'examen des faits était moins important pour les juges administratifs que le respect du principe de légalité. Le juge administratif, y compris le Conseil d'État, ne poussait pas toujours suffisamment l'examen des faits[18].

Cela conduisit de nombreux spécialistes à constater que les règles d'administration de la preuve pouvaient ne pas être très claires ni adaptées au contentieux des discriminations. L'affaire *El Haddioui*, jugée par le Conseil d'État en avril 2009, fut l'occasion pour son rapporteur public de faire remarquer que la discrimination y était facile à prouver, parce que les faits discriminatoires étaient évidents : des questions sur la religion d'un candidat et de son épouse avaient été posées au candidat à un concours, et les faits avaient été reconnus par les membres du jury. Cette constatation fut reprise par le rapporteur public Mathias Guyomar, dans ses conclusions sur l'affaire *Perreux* d'octobre 2009 : « Nous avions constaté les limites des outils de contrôle dont dispose le juge de l'excès de pouvoir lorsqu'il est soutenu devant lui qu'une décision administrative est empreinte de discrimination, sauf à ce que l'élément qui révèle l'existence de la discrimination alléguée ressorte clairement des pièces du dossier »[19]. Un vice-président du Conseil d'État expliquait lui-même que « le régime objectif de preuve qui prévaut devant le juge administratif est assez mal adapté aux cas de discrimination dès lors que les requérants peinent souvent à réunir des preuves suffisantes de la discrimination dont ils disent avoir été victimes »[20].

La justice administrative devait donc réagir et adapter son régime d'administration de la preuve aux difficultés de preuve des discriminations, mais elle se savait habituée à réagir à de telles difficultés et elles pouvaient particulièrement le faire en raison du régime de preuve « libre » applicable devant elle : « Dans le contentieux administratif et singulièrement dans le contentieux de l'excès de pouvoir, le procès n'étant pas la chose des parties et la procédure étant inquisitoire, les méthodes du juge administratif ont donc pris un large temps d'avance sur la pratique judiciaire »[21].

1.2 Une spécificité affirmée de la justice administrative quant au régime de la preuve de la discrimination

La décision *Perreux* va être l'occasion pour le Conseil d'État, réuni dans sa formation la plus solennelle, de se saisir de la question du régime de preuve applicable en cas de discrimination. Il va s'inspirer du droit de l'Union européenne mais sans l'appliquer précisément. Comme l'explique Mattias Guyomar,

---

[17] Chevallier J. (2024), « CE, 28 mai 1954, Barel et autres », *op. cit.*

[18] Weidenfeld K. (2024), « Conseil d'État, 5 mai 1944, n° 69751, *Dame Veuve Trompier-Gravier* et Conseil d'État, 26 octobre 1945, n° 77726, *Aramu* », *Les grands arrêts de la jurisprudence administrative. Approche politique*, LGDJ, 2e éd., p. 540 et s.

[19] CE, ass., 30 oct. 2009, n° 298348, *Mme Perreux* : Lebon, p. 407, concl. Guyomar M.

[20] Lasserre B., Discours prononcé à l'école nationale de la magistrature, 29 nov. 2018.

[21] Blancpain F. (2017), « Existe-t-il un droit à la preuve dans le contentieux de l'excès de pouvoir ? », *op. cit.*

la disposition de l'article 10 de la directive n° 2000/78/CE du Conseil du 27 novembre 2000 est « plus nettement adaptée aux procédures accusatoires »[22]. Or le droit administratif français constitue un droit prétorien, et le Conseil d'État a bâti son système de procédure, qu'il qualifie lui-même de procédure inquisitoriale. Frédéric Rolin constate que c'est avec l'arrêt *Perreux* que le Conseil d'État prononce pour la première fois le terme d'inquisitoire, mais qu'« à bien y réfléchir, cela ne présentait aucune utilité. Comme l'ont justement relevé des membres de la doctrine organique, la solution *Perreux* est finalement très proche de l'arrêt *Barel* et ne nécessitait pas de faire évoluer la formulation de 1954 »[23]. Frédéric Rolin suggère que « dans l'arrêt *Perreux* notamment, c'est la nécessité de justifier de la conformité au droit européen du droit français, en dehors de toute norme textuelle applicable, qui rend nécessaire la normativisation de la jurisprudence »[24]. Le régime de preuve devant les juges administratifs français avait en effet pu subir des critiques par des instances européennes[25]. La jurisprudence administrative se devait d'évoluer et de poser des règles claires. Cette évolution fut néanmoins maîtrisée et « spécifique »[26].

La décision *Perreux* instaure un régime d'aménagement de la preuve qui est sensiblement différent de celui mis en œuvre en droit du travail français. La comparaison avec ce droit est particulièrement intéressante car les « plaintes » en discrimination sont le plus souvent présentées dans le contentieux de la fonction publique[27]. Le Conseil d'État assume la spécificité du régime de preuve qu'il impose, et l'explique par deux impératifs : tenir compte de la jurisprudence du Conseil constitutionnel sur les droits de la défense et l'égalité de traitement des personnes[28], ainsi que de la spécificité de l'office du juge administratif, qui dispose du pouvoir inquisitorial. On aurait pu imaginer qu'après avoir laissé le requérant (le plus souvent un administré ou un fonctionnaire) apporter des éléments laissant présumer une discrimination, il attende de l'administration

[22] CE, ass., 30 oct. 2009, n° 298348, *Mme Perreux* : Lebon, p. 407, concl. Guyomar M.
[23] Rolin F., « Contribution à la théorie des normes jurisprudentielles : la généalogie du caractère inquisitoire de la procédure administrative contentieuse », *RFDA* 2019, p. 481.
[24] *Ibid.*
[25] Le Comité européen des droits sociaux, dans une décision du 8 novembre 2005, affirmait que si « les tribunaux administratifs utilisent la procédure dite inquisitoriale, où les questions touchant à la charge de la preuve peuvent être abordées d'une tout autre manière que la procédure contradictoire (...), le Comité ne peut cependant que constater qu'il ne voit pas, s'agissant des catégories de salariés concernées (...), que le droit français contienne des dispositions légales tendant à garantir un aménagement de la preuve tel que l'implique l'article 1, § 2, de la Charte révisée ».
[26] Terme employé par M. Guyomar dans ses conclusions sur l'arrêt *Mme Perreux, op. cit.*
[27] Le contentieux de la fonction publique est principalement un contentieux de l'excès de pouvoir et le contentieux de la discrimination se situe principalement dans le contentieux de la fonction publique. V. Dumortier T., « Les discriminations dans la fonction publique : une réponse juridictionnelle limitée », *AJDA* 2017, p. 661.
[28] Le Conseil constitutionnel avait en 2002 dit qu'il ne peut pas y avoir de renversement de la charge de la preuve.

qu'elle démontre la présence d'éléments objectifs étrangers à toute discrimination. Il n'en est rien, le Conseil d'État attend que l'administration *produise*[29] des « éléments objectifs étrangers à toute discrimination », qui permettent au juge de penser que la décision administrative est bien fondée légalement. Par comparaison, l'article L. 1132-3-3 du Code du travail dispose qu'il « incombe à la partie défenderesse, au vu des éléments, de *prouver* que sa décision est justifiée par des éléments objectifs étrangers à la déclaration ou au témoignage de l'intéressé ». Affirmant cela, le Conseil d'État montre sa détermination à ne pas faire peser de charge de la preuve sur le défendeur, pour tenir compte de la particularité du contentieux administratif.

Mais l'arrêt *Perreux* est moins important sur la dialectique de la preuve, que sur l'affirmation du principe de l'inquisitoire comme outil de lutte contre les discriminations. La première phrase du considérant de principe n'est pas ainsi relative au dispositif de partage de la preuve, elle concerne la responsabilité incombant aux juges administratifs : « Il appartient au juge administratif, dans la conduite de la procédure inquisitoire, de demander aux parties de lui fournir tous les éléments d'appréciation de nature à établir sa conviction ; que cette responsabilité doit, dès lors qu'il est soutenu qu'une mesure a pu être empreinte de discrimination, s'exercer en tenant compte des difficultés propres à l'administration de la preuve en ce domaine et des exigences qui s'attachent aux principes à valeur constitutionnelle des droits de la défense et de l'égalité de traitement des personnes »[30]. Le système de partage de la preuve n'intervient qu'après cette affirmation. Lorsque la décision *Perreux* est commentée sur l'aspect probatoire de la discrimination, il est focalisé sur le partage de la preuve, mais il est souvent oublié de dire que cet arrêt est au moins aussi important, si ce n'est plus, pour le rappel auquel procède le Conseil d'État à l'égard des juges administratifs. Comme a pu l'indiquer un magistrat administratif, citant l'arrêt *Cordière* de 2012 – qui réaffirme la même obligation que la décision *Perreux* mais pour l'ensemble des contentieux de l'excès de pouvoir – le Conseil d'État semble « plus directif »[31].

La décision *Perreux* établit ainsi un aménagement de la preuve qui est différent de celui posé par le législateur pour le droit social, non pas dans les éléments attendus du requérant (il ne s'agit aussi que d'une présomption) mais dans ceux attendus du défendeur (il ne s'agit pas de prouver les éléments objectifs étrangers à toute discrimination, il s'agit de les apporter car le régime de preuve est objectif, et il appartient au juge de se forger une conviction en évaluant l'ensemble des pièces présentes au dossier). La variation n'est cependant pas si importante en termes d'administration de la preuve dans la mesure où il est affirmé clairement, devant l'un ou l'autre juge, qu'il est impossible de faire supporter le fardeau de la preuve sur le requérant, et qu'il n'est demandé de celui-ci qu'une présomption, le

[29] Souligné par l'auteur.

[30] CE, ass., 30 oct. 2009, n° 298348, *Mme Perreux* : Lebon, p. 407, concl. Guyomar M.

[31] N. Carpentier-Daubresse, « Pouvoir ou devoir d'instruction du juge administratif ? », *AJDA* 2014, p. 1143.

défendeur devant apporter des éléments convaincants lorsque le requérant a réussi à faire présumer la discrimination. La variation se situe surtout dans l'affirmation d'une obligation pour le juge administratif de prendre lui-même l'initiative de recueillir les preuves manquantes, lorsqu'il persiste un doute, sans attendre toutes les preuves des parties.

Le risque est dès lors de subir une comparaison. Le régime de preuve devant le juge administratif est-il éventuellement plus protecteur, du fait de ses caractéristiques propres ? Mais alors pourquoi les victoires des requérants semblent-elles si peu nombreuses[32] ?

2. Des variations dans les modes de preuve de la discrimination et leur appréciation

Un régime particulier d'administration de la preuve s'applique ainsi devant le juge administratif, qui repose sur la combinaison d'une charge de la preuve partagée entre les parties et d'un juge qui doit intervenir lorsque les preuves produites ne lui permettent pas de trancher sans la persistance d'un doute. Mais tout cela ne résout pas les difficultés de la preuve de la discrimination en pratique. Que ce soit devant le juge administratif ou le juge judiciaire, les preuves de discrimination sont difficiles à apporter. Se pourrait-il dès lors que la justice administrative ne soit pas à la hauteur de son discours et qu'elle peine à mettre en œuvre les outils dont elle dispose ? Les variations que l'on peut observer entre juges judiciaires et administratifs permettent-elles d'apporter des éclaircissements sur les difficultés persistantes ? (2.1) Des variations existent également entre les juridictions administratives elles-mêmes, qui permettent de constater que les obligations d'instruction ne sont pas si évidentes à mettre en œuvre, malgré les rappels du Conseil d'État (2.2).

2.1 Les variations vis-à-vis des juridictions judiciaires françaises

Si les modes de répartition de la charge de la preuve ne sont pas si différents, des variations sont à noter puisque le défendeur doit devant le juge du travail prouver que sa décision est justifiée par des éléments objectifs étrangers à la déclaration ou au témoignage de l'intéressé. Le droit du travail semble donc plus sévère quant à l'obligation qui pèse sur le défendeur dans le droit administratif. En revanche, l'article L. 1134-1 du Code du travail précise que « le juge forme sa conviction après avoir ordonné, en cas de besoin, toutes les mesures d'instruction qu'il estime utiles ». Les juges judiciaires et administratifs ne suivent donc pas des règles et des procédures fondamentalement différentes.

Devant le juge du travail, l'employeur doit prouver que ses décisions sont justifiées par des éléments objectifs étrangers à toute discrimination et le juge ne peut écarter la discrimination sans constater l'existence de motifs réels, objectifs

[32] Des chiffres sont avancés par Dumortier T., *AJDA* 2017, p. 661.

et pertinents permettant de l'exclure[33]. La jurisprudence judiciaire attend la présentation de motifs objectifs convaincants, réels – qui doivent donc être prouvés, et qui doivent également se révéler pertinents. On note dès lors une réelle exigence à cet égard. La doctrine reproche au contraire à la justice administrative d'être trop permissive à l'égard des motifs objectifs produits par l'administration. Le motif de l'intérêt du service est particulièrement ciblé[34]. Il n'est cependant pas toujours retenu par le juge administratif[35]. Dans l'affaire *Négréa*, une musicienne des orchestres de la garde républicaine avait présenté une demande de maintien en service au-delà de la limite d'âge auprès de son administration. Elle s'était vu opposer une décision de refus dans l'intérêt du service, à savoir celui qu'il y aurait à la remplacer « par un jeune musicien » et « à ne pas maintenir au-delà de la limite d'âge des musiciens de première classe afin de favoriser la progression de carrière des musiciens moins gradés ». La requérante avait cependant produit les noms de 35 collègues masculins maintenus en activité sans que leur soient opposées les considérations d'intérêt du service. Le ministre avait produit le nom d'un seul musicien masculin non maintenu en activité, qui s'avérait ne pas l'avoir été pour des raisons disciplinaires. La cour d'appel administrative (CAA) ne fut pas convaincue par l'argument de l'intérêt du service et accueillit l'allégation de discrimination fondée sur le genre invoquée par la requérante[36]. L'argument de l'intérêt du service avait en revanche convaincu le tribunal administratif, lequel avait pu affirmer que « le ministre de la Défense, dans le cadre de la demande de prolongation qui lui était soumise, disposait d'un large pouvoir d'appréciation de l'intérêt du service »[37]. Mais il faut également préciser que la requérante avait produit moins d'éléments devant le tribunal administratif (TA) que devant le juge d'appel. On peut citer une autre affaire dans laquelle un TA a considéré que le refus du renouvellement du contrat d'une infirmière d'État enceinte, justifié selon l'employeur par des raisons tirées de l'intérêt du service, était empreint d'une discrimination. Dans cette affaire, ce sont les observations du Défenseur des droits qui avaient constitué un atout pour la requérante[38].

La production de preuves pertinentes et l'accès à ces preuves sont en effet déterminants. Les partages de la preuve ont constitué un incontestable progrès, devant l'un comme l'autre des ordres juridictionnels. Le droit de la non-discrimination n'a « véritablement pris son envol pratique qu'avec l'aménagement de la charge de la preuve dont il bénéficie spécifiquement avec le harcèlement… Pour autant, reste la difficulté pratique majeure qui est celle de

---

[33] Cass. soc., 25 mai 2016, n° 15-12215.

[34] *AJDA* 2017, p. 661, note Dumortier T.

[35] Par ex., TA Châlons-en-Champagne, 14 nov. 2013, n° 120013 : le TA reconnaît la discrimination même si l'intérêt du service est invoqué.

[36] CAA Paris, 30 juin 2015, n° 14PA00635.

[37] TA Paris, 19 déc. 2013, n° 1221019/5-1, *Mme Négréa*.

[38] C'est ce qu'observe de Saint Sernin J., « Le Défenseur des droits et le juge administratif : d'une coopération informative réciproque à un appui juridictionnel limité », *RFDA* 2018, p. 332.

l'accès à la preuve »[39]. On constate à cet égard que le juge judiciaire bénéficie comme le juge administratif de « l'autorisation légale » de mettre en œuvre des mesures d'instruction. L'article L. 1134-1 du Code du travail précise que « le juge forme sa conviction après avoir ordonné, en cas de besoin, toutes les mesures d'instruction qu'il estime utiles ». Une partie peut demander la communication de pièces par le biais d'une requête en vertu de l'article 145 du Code de procédure civile (mesure *in futurum*) ou le juge peut en prendre directement l'initiative en application des articles 482 et 483 du même texte (alors même qu'il est déjà saisi au fond)[40]. Mais la question est de savoir quelle preuve peut être pertinente et qui est capable de la constituer.

Les juges judiciaires et administratifs sont souvent critiqués pour ne pas accueillir une suffisante diversité de modes de preuve des discriminations[41]. Or il ne faut pas oublier les limites procédurales et l'équilibre que les juges doivent trouver avec d'autres principes et règles juridiques[42]. Il semble au contraire que les juges judiciaires et administratifs avancent progressivement dans leur acceptation des modes de preuve, qu'ils soient ou non construits par les requérants[43]. Il est particulièrement reproché au Conseil d'État son traitement insatisfaisant des discriminations indirectes systémiques. Il a reconnu la discrimination dans les contrôles au faciès menés par les forces de l'ordre, mais sans la qualifier de systémique ou généralisée[44]. Il a développé une jurisprudence justifiant les différences de situation fondées sur le genre en raison de la discrimination systémique subie par les femmes, même s'il ne le dit pas ainsi[45]. Certaines catégories de discriminations systémiques sont en effet désormais plus faciles à établir, car les pouvoirs publics en ont fait de véritables politiques publiques, et les administrations ont produit des preuves statistiques dont les juges administratifs ont pu se saisir. Les preuves « économiques » des différences de rémunération entre femmes et hommes sont accessibles de nos jours auprès du ministère de l'Économie ou du ministère du Travail, leurs causes « sociales » sont également établies, et le juge

---

[39] *RDT* 2023, p. 85, note Tharaud D. et Chappe V.-A.

[40] *RDT* 2023, p. 85, note Tharaud D. et Chappe V.-A.

[41] Pour la justice administrative, v. Fondimare E. (2016), « La difficile appréhension juridictionnelle des discriminations indirectes fondées sur le sexe », *La Revue des droits de l'homme,* n° 9; *AJDA* 2017, p. 661, note Dumortier T. ; Lantero C. et Cafarelli F., « L'utilisation des données empiriques dans le cadre du contrôle des discriminations par le juge administratif », *RFAP* 2020/1, pp. 43-53.

[42] Jean Mouly a pu notamment s'interroger sur l'intervention du Défenseur des droits quant à la loyauté de la procédure (Mouly J., *Dr. soc.* 2010, p. 992, cité par D. Tharaud, « Quelle(s) preuve(s) pour la discrimination systémique ? », *op. cit.*).

[43] Sur preuve par statistiques, v. Tharaud D., « Les statistiques, outil reconnu de la preuve de la discrimination sur l'origine », www.elnet.fr ; Roussel S. et Nicolas C., « Discrimination : la preuve par la statistique », *AJDA* 2017, p. 2193.

[44] CE, 11 oct. 2023, n° 454836, Amnesty International France et a.

[45] CE, ass., 27 mars 2015, n° 372426, *Quintanel* : Lebon. Appliquée à de nombreuses reprises : CE, 6 mai 2016, n° 384368 – CE, 22 juin 2016, n° 395051 – CE, 28 juill. 2017, n° 394776 – CE, 26 avr. 2018, n° 400477.

administratif les énumère de manière extensive dans ses décisions[46]. En revanche, les discriminations indirectes ou systémiques qui reposent sur des preuves plus « sociologiques » fournies par des chercheurs, ou qui ne sont pas encore quantifiées par les administrations, sont moins prises en compte par les juridictions administratives.

On peut à cet égard, comme d'autres membres de la doctrine[47], penser que les juridictions devraient faire un effort pour développer leur recours aux *amicus curiae*, au-delà du Défenseur des droits[48]. Le recours aux « experts » permettrait de crédibiliser, si ce n'est de prouver, les preuves pertinentes construites par les requérants[49]. Les comparaisons et statistiques élaborées par les requérants sont souvent restreintes quant à l'échantillon qu'elles peuvent couvrir. Devant le juge administratif, un candidat malheureux à un concours interne en demandait l'annulation au motif que le jury aurait favorisé certains candidats en raison de leur origine géographique et de leur âge. Pour faire présumer cette double discrimination, il se fondait sur des données statistiques qu'il avait lui-même établies : d'une part, le taux de réussite des candidats admissibles provenant des « aires urbaines » de Paris et de Lyon était de 57,14 % contre 16,67 % pour ceux provenant d'une autre zone ; d'autre part, la probabilité qu'aucun des candidats âgés de plus de 35 ans ne figure sur la liste des admis, comme cela s'est produit, était d'une chance sur mille. L'arrêt concerné fut l'occasion pour le Conseil d'État d'admettre que des données statistiques puissent constituer des éléments de fait susceptibles de faire présumer l'existence d'une discrimination, mais le Conseil d'État rejeta la requête[50]. Comme l'expliquait le rapporteur public, l'analyse faite par le requérant des chiffres qu'il avait compactés en statistiques n'était pas probante, car l'échantillon n'était pas suffisamment large pour être significatif. Le calcul effectué par le requérant était certes fragile, mais il est possible de penser – et certainement de prouver – qu'il existe des différences entre les zones géographiques dans la réussite aux concours. Or les preuves de ces différences ne peuvent (pour l'instant) être fondées que sur des études plus globales menées par des chercheurs.

Les constructions probatoires des requérants ne semblent ainsi être convaincantes que lorsqu'elles mettent en évidence un très important écart. Ce fut notamment le cas de la musicienne des orchestres de la garde républicaine qui montrait que 35 hommes avaient bénéficié d'un recul de départ à la retraite et aucune femme. Dans une affaire jugée par la Cour de cassation en décembre 2022, sont retenus les éléments statistiques produits par le travailleur, construits par ses

---

[46] *Ibid.*
[47] *RFAP* 2020/1, p. 48-49, note Lantero C. et Cafarelli F.
[48] Cela est tout à fait possible pour le juge administratif car prévu par le CJA. V. *RFAP* 2020/1, p. 46, note Lantero C. et Cafarelli F.
[49] V. not. Chappe V.-A. sur le rôle des experts pour compléter notamment le rôle des avocats, *RDT* 2023, p. 85.
[50] CE, 16 oct. 2017, n° 383459.

soins à partir des noms de famille du personnel sur les passages en CDD et en CDI[51]. Or il apparaît que l'échantillon est suffisamment large pour être significatif (269) et la disproportion manifeste avec 22 salariés en CDI portant un nom à consonance extra-européenne. En outre, comme l'indique Delphine Tharaud, le requérant avait pu avoir accès aux éléments lui permettant de faire les calculs, ce qui n'est pas toujours le cas[52].

Au-delà des modes de preuve qui devraient ainsi provenir de sources plus diverses, les juges devraient également faire plus d'efforts dans la mise en œuvre de leurs pouvoirs d'instruction, ce qui conduit à analyser les variations entre les juges administratifs.

2.2 Des variations entre les juridictions administratives

Comme le Conseil d'État l'a indiqué dans la décision *Perreux*, le juge administratif doit tenir compte des difficultés de preuve des requérants en mettant en œuvre ses pouvoirs d'instruction. Or le Conseil d'État a été davantage en mesure de mettre en œuvre rapidement la ligne de conduite exigée par sa décision de 2009[53]. Les juridictions du fond se contentent d'une appréciation plus globale du dossier, moins détaillées sur les faits, et ne disposent pas du même « temps de la preuve » pour instruire leurs dossiers[54]. Thomas Dumortier cite notamment l'exemple de l'arrêt du Conseil d'État sur la limite d'âge des contrôleurs aériens[55] où « le Conseil d'État n'a pas lésiné sur les moyens – enquête avec audition de témoins, d'une part, et visite dans les locaux, d'autre part – pour aborder avec des connaissances précises et circonstanciées la question de savoir si les exigences professionnelles invoquées par l'administration constituaient en l'occurrence une justification légitime à cette discrimination fondée sur l'âge ». Un exemple évoqué récemment par l'avocate d'un requérant qui a échoué à plusieurs reprises dans un concours organisé par le CNRS et qui s'est plaint devant un tribunal administratif de subir une discrimination en raison de son origine est explicite sur la différence des méthodes mises en œuvre : « Alors que M. X produisait des tableaux et données statistiques sur la faible représentation des admis d'origine non européenne au concours, le tribunal administratif a jugé ces données peu significatives "en l'absence de données statistiques sur l'échantillon des candidats à ce concours". Or l'on conviendra que ces données ne sont pas en possession du requérant. Ces statistiques ne peuvent qu'être détenues et élaborées par le défendeur, seul en mesure de produire des données sur les candidats au concours.

---

[51] Tharaud D., « Les statistiques, outil reconnu de la preuve de la discrimination sur l'origine », *op. cit.*

[52] *Ibid.*

[53] Pour un exemple de supplément d'instruction mis en œuvre par le Conseil d'État rapidement après l'arrêt *Perreux*, et qui a été utile à la requérante, v. CE, 7 juill. 2010, n° 322636.

[54] Foulquier C., *La preuve et la justice administrative française*, op. cit.

[55] CE, ass., 4 avr. 2014, n° 362785, *Ministre de l'Écologie, du Développement durable et de l'Énergie* : Lebon ; *AJDA* 2014, p. 1029, chron. Bretonneau A. et Lessi J. ; *AJFP* 2015, p. 94 ; *RTD eur.* 2014, p. 952-18, obs. Bouveresse A.

Le raisonnement du juge administratif interroge quant à la disqualification des éléments de fait versés par le requérant alors que ce dernier n'est pas en mesure de produire davantage et que le juge n'ordonne aucune mesure d'instruction supplémentaire. Gageons qu'en appel, le défendeur produira spontanément des éléments statistiques qui pourront être débattus contradictoirement et qu'à défaut, la Cour en ordonnera la production »[56].

Des appréciations différentes peuvent en outre exister entre les juges du fond, mais qui peuvent être liées au fait que les requérants apportent davantage de preuves en seconde instance. La présence d'un avocat peut permettre au requérant de fournir les preuves utiles, or le recours à l'avocat n'est pas obligatoire devant les TA. La motivation des juges de première instance peut être aussi l'occasion pour le requérant de comprendre les preuves qu'il aurait intérêt à produire. L'affaire de la musicienne de la garde républicaine est éloquente. La CAA a une appréciation différente du TA sur les preuves apportées par la requérante. Pour le TA, Mme Négréa « ne produit aucune pièce ni précision de nature à établir la réalité de ses allégations, ni même ne mentionne les noms des collègues auxquels elle fait ainsi allusion ; que, par suite, les éléments avancés par Mme Négréa ne sont pas de nature à faire naître une présomption de discrimination à son encontre »[57]. Au contraire, la CAA précise qu'elle « *produit en appel* les noms de 35 musiciens des orchestre et harmonie de la garde républicaine qui ont été maintenus en activité au-delà de la limite d'âge sans que leur soient opposées les considérations de gestion qui ont motivé le rejet de la demande de l'intéressée ». Les éléments avancés par Mme Négréa devant le TA de Paris étaient insuffisants pour établir la présomption, mais le TA lui indique les éléments qu'elle pourrait produire, ce qu'elle fait en appel, pour sa plus grande réussite. Tout cela sans que les juges n'aient eu besoin de prendre des mesures d'instruction. Le salut de la requérante n'est donc venu que de l'existence d'une voie d'appel et d'un second jugement de son affaire sur le fond.

Cela conduit à poser la question d'une éventuelle sanction par les juges supérieurs, et notamment par le juge de cassation, de la non-mise en œuvre des pouvoirs juridictionnels d'instruction. Si le Conseil d'État respecte l'appréciation souveraine des faits par les juges du fond, il sanctionne la prise en compte de faits qui n'auraient pas dû l'être pour sanctionner une erreur de droit[58]. Il sanctionne la dénaturation des pièces du dossier, c'est-à-dire une incompréhension des pièces du dossier par le juge. Il ne sanctionne pas souvent la dénaturation[59], mais les arrêts montrent qu'il reprend le raisonnement des juges du fond, ce qui conduit à

[56] Hezzam S., « La preuve d'une discrimination intersectionnelle dans un concours administratif », *RDT* 2022, p. 448.
[57] TA Paris, 19 déc. 2013, n° 1221019/5-1.
[58] CE, 20 nov. 2013, n°s 362879, 362880, 362881, 362882, 362883, 362886, 362887 et 362888, D.
[59] CE, 30 sept. 2015, n° 373737 : la dénaturation est évoquée par le CE mais pas reconnue. Pour une dénaturation reconnue, v. par ex. CAA Paris, 22 mars 2022, n° 20PA02684.

le valider[60]. Mais on peut, comme Thomas Dumortier, regretter que le Conseil d'État n'exerce jamais aucun contrôle sur l'opportunité de recourir à des mesures d'instruction et que « par conséquent, l'instruction adressée par le Conseil d'État aux juridictions du fond n'a qu'une portée relative dans la mesure où la haute juridiction ne se donne pas les moyens d'en apprécier l'application dans les cas d'espèce qui remontent jusqu'à elle »[61]. Il serait bienvenu qu'un arrêt du Conseil d'État vienne « spécifiquement » affirmer que le juge de cassation exercera un contrôle sur la mise en œuvre de leurs pouvoirs d'instruction par les juges du fond, quand des discriminations sont présumées. Un tel arrêt n'est pas hypothétique. Rappelant une jurisprudence de la CEDH dans laquelle la justice administrative avait été condamnée car les parties n'avaient pas eu la « possibilité de commenter efficacement l'élément de preuve essentiel » retenu par le juge administratif[62], Nil Carpentier-Daubresse indique que « la Cour pourrait, dans cette lignée, être amenée à se prononcer sur le rôle du juge dans l'administration de la preuve et sur l'usage qu'il fait ou non de son pouvoir inquisitoire »[63]. Le droit européen pourrait ainsi conduire le Conseil d'État à pousser à nouveau un coup d'accélérateur procédural.

Conclusion

Si l'on constate ainsi des variations de la justice administrative dans le régime de preuve applicable au contentieux des discriminations, ces variations sont subtiles, elles ne se démarquent pas fondamentalement du régime de preuve appliqué traditionnellement devant le juge administratif. C'est désormais moins le régime de partage de la preuve qu'il convient d'améliorer, que la diversification des modes de preuve et l'incitation des juges du fond à mettre en œuvre leurs pouvoirs d'instruction, pour permettre aux requérants d'accéder aux preuves qu'ils ne peuvent eux-mêmes fournir, ou que de manière incomplète. La justice administrative a moins tort d'avoir affirmé la spécificité de son régime de preuve que de ne pas être parvenue à le faire aboutir.

Bibliographie

Bigot G. (2024), « Tribunal des conflits, 8 février 1873, n° 00012, *Blanco* », *Les grands arrêts de la jurisprudence administrative. Approche politique*, LGDJ, 2e éd., p. 50 et s.

Blancpain F. (2017), « Existe-t-il un droit à la preuve dans le contentieux de l'excès de pouvoir ? », *Justice et Cassation*, p. 13.

---

60 CE, 30 sept. 2015, n° 373737. V. aussi par ex. CE, 20 nov. 2013, *op. cit.*

61 *AJDA* 2017, p. 661, note Dumortier T.

62 CEDH, 18 mars 1997, n° 21497/93, *Époux Mantovanelli c/ France* : *AJDA* 1999, p. 173, note Muscat H. ; *D.* 1997, p. 361, obs. S. Perez ; *RTD civ.* 1997, p. 1007, obs. J.-P. Marguénaud.

63 *AJDA* 2014, p. 1143, note Carpentier-Daubresse N.

Carpentier-Daubresse N. (2014), « Pouvoir ou devoir d'instruction du juge administratif ? », *AJDA*, p. 1143.

Chevallier J. (2024), « CE, 28 mai 1954, *Barel et autres* », *Les grands arrêts de la jurisprudence administrative. Approche politique*, LGDJ, 2e éd., p. 593 et s.

Dumortier T. (2017), « Les discriminations dans la fonction publique : une réponse juridictionnelle limitée », *AJDA*, p. 661.

Foulquier C. (2013), *La preuve et la justice administrative française, Logiques juridiques*, L'Harmattan.

Guyomar M., conclusions sur CE, ass., 30 octobre 2009, n° 298348, *Mme Perreux* : Lebon, p. 407.

Hezzam S. (2022), « La preuve d'une discrimination intersectionnelle dans un concours administratif », *RDT*, p. 448.

Lantero C. et Cafarelli F. (2020), « L'utilisation des données empiriques dans le cadre du contrôle des discriminations par le juge administratif », *RFAP* 2020/1, n° 173, pp. 43-53.

Rolin F. (2019), « Contribution à la théorie des normes jurisprudentielles : la généalogie du caractère inquisitoire de la procédure administrative contentieuse », *RFDA*, p. 481.

de Saint Sernin J. (2018), « Le Défenseur des droits et le juge administratif : d'une coopération informative réciproque à un appui juridictionnel limité », *RFDA*, p. 332.

Stirn B. (2015), « Le juge administratif et les discriminations », intervention lors du colloque Dix ans de droit de la non-discrimination organisé par le Défenseur des droits à la Cour de cassation, 5 octobre 2015.

Pacteau B. (2016), *Rép. cont. Adm. Dalloz*, v° Preuve.

Rousseau J. (2017), « La charge de la preuve en droit social », *Justice et cassation*, p. 69.

Roussel S. et Nicolas C. (2017), « Discrimination : la preuve par la statistique », *AJDA*, p. 2193.

Tharaud D. et Chappe V.-A. (2023), « Quelle(s) preuve(s) pour la discrimination systémique ? », *RDT*, p. 85.

Tharaud D. (2023), « Les statistiques, outil reconnu de la preuve de la discrimination sur l'origine », Éditions législatives, www.elnet.fr, 9 janv. 2023.

Weidenfeld K. (2024), « Conseil d'État, 5 mai 1944, n° 69751, *Dame Veuve Trompier-Gravier* et Conseil d'État, 26 octobre 1945, n° 77726, *Aramu* », *Les grands arrêts de la jurisprudence administrative. Approche politique*, LGDJ, 2e éd., p. 540 et s.

« LA JUSTICE ADMINISTRATIVE A MOINS TORT D'AVOIR AFFIRMÉ LA SPÉCIFICITÉ DE SON RÉGIME DE PREUVE QUE DE NE PAS ÊTRE PARVENUE À LE FAIRE ABOUTIR. »

Caroline Expert-Foulquier

VARIA

PROCESSUS ET DOMAINES SOCIAUX DE PRODUCTION DU RACISME ET DE DISCRIMINATIONS VÉCUS PAR DES PERSONNES D'ORIGINE ASIATIQUE EN FRANCE

À partir de l'enquête REACTAsie

SIMENG WANG ET YONG LI

avec Johann Cailhol, Miyako Hayakawa, Youngbin Kim et Sophie Haas

***Simeng Wang**, sociologue, chargée de recherches en sociologie au CNRS, CERMES3 (UMR 8211).*
simeng.wang@cnrs.fr

***Yong Li**, docteur en sociologie, Dysolab, Université de Rouen Normandie.*
yong.li@univ-rouen.fr

***Johann Cailhol**, MCU-PH en santé publique, HUPSSD/APHP et Laboratoire éducations et promotion de la santé, USPN.*
johann.cailhol@aphp.fr

***Miyako Hayakawa**, anthropologue, postdoctorante à l'Université Libre de Bruxelles*
miyako.hayakawa@ulb.be

***Youngbin Kim**, doctorante en gender studies à Arizona State University.*
youngbin.kim.socio@gmail.com

***Sophie Haas**, diplômée de l'Inalco.*
esoph720@gmail.com

Introduction

En France, l'accueil des réfugiés du Sud-Est asiatique depuis les années 1970 et l'augmentation des flux migratoires en provenance de la République populaire de Chine (RPC) depuis les années 1980 contribuent à une médiatisation croissante des populations asiatiques. En parallèle, les travaux de recherche sur ces populations, essentiellement segmentés par pays d'origine et de nature monographique, s'accumulent depuis deux décennies (Luguern, 2016 ; Meslin, 2011 ; Gao, Lévy et Poisson, 2006 ; Wang, 2017). Néanmoins, les trajectoires et les vécus des personnes d'origine asiatique ont rarement été étudiés sous l'angle des discriminations et du racisme, même si les actualités et les retours d'expériences attestent, de façon récurrente, de l'ampleur et l'intensité des phénomènes discriminatoire et raciste qui touchent ces personnes. Toutefois, l'émergence de la pandémie de Covid-19 et l'expression paroxystique du racisme anti-asiatique dans différents pays du monde, constituent un tournant tant du point de vue de la prise de conscience du grand public français, du traitement politique du racisme anti-asiatique, que de celui de la production scientifique consacrée à ce sujet (Attané *et al.*, 2021 ; Luu et Zhou-Thalamy, 2022 ; Wang *et al.*, 2021 ; Wang et Madrisotti, 2021 ; Wang *et al.*, 2022).

Cette évolution s'inscrit dans un paysage national, dans lequel la lutte contre la discrimination s'est imposée comme nouveau paradigme de l'action publique. En France, depuis les 20 dernières années, le renforcement du cadre juridique et politique de la non-discrimination s'est accompagné de la diffusion de la catégorie « discrimination » dans les sciences sociales. Depuis le début des années 2000, la sociologie des discriminations a émergé comme un nouveau sous-champ disciplinaire, venant s'ajouter aux travaux anciens (sur les rapports de genre, de « race », de sexualité, etc.) et aux approches sociologiques traditionnelles des inégalités sociales (Hajjat, Keyhani et Rodrigues, 2019 ; Eberhard, 2010). Étant conscients des rapports étroits que la notion de discrimination entretient avec le droit, nous nous inscrivons ici dans une approche sociologique réflexive des discriminations (Bereni et Chappe, 2011 ; Chappe, 2022). Si la catégorie « discrimination » nous aide à penser la production des inégalités et des rapports de pouvoir dans différents domaines sociaux, la transversalité de l'approche n'exclut pas de prêter attention à chaque rapport social qui comporte ses histoires et ses mécanismes spécifiques. De plus, la frontière arbitraire tracée par le droit concernant la discrimination, ne doit pas nous conduire à nous tenir aux seuls domaines sociaux définis par la loi (Bereni et Chappe, 2011). Afin de saisir les expériences d'inégalités des personnes d'origine asiatique dans leur globalité et complexité, il serait nécessaire, à notre sens, d'étudier ces processus dans des sphères qui ne sont pas uniquement définies par le cadre juridique. Par exemple, les violences sexistes et sexuelles dans la sphère familiale, le classisme sous la forme du mépris et de la mise à distance, la fétichisation du corps féminin asiatique sur les réseaux sociaux, etc., sont autant des phénomènes qui concourent à la (re)production des minorités raciales dans la société française.

Bien que la discrimination et le racisme soient appréhendés différemment dans la loi française[212], il est important de rappeler que, du point de vue sociologique, les deux phénomènes forment un continuum. Dans cette optique, le projet de recherche REACTAsie[213] propose d'étudier les manières dont les jeunes d'origine asiatique verbalisent et interprètent les expériences d'injustice vécues dans différents domaines sociaux, que ces dernières s'inscrivent dans le registre du racisme ou dans celui des discriminations. Le prisme que notre projet a adopté est résolument racial : les enquêtés ont été inclus à cette étude par leur autodéclaration d'avoir une origine asiatique, indépendamment de leur statut administratif (primo-arrivants ou descendants de migrants) et de leur origine nationale. Le fait de se focaliser sur l'origine asiatique est l'une des originalités de l'étude par rapport aux travaux existants, souvent centrés sur une origine nationale en particulier. Une approche sociologique des discriminations ne s'oppose pas à une analyse des inégalités de classe. La focale mise sur les personnes diplômées et qualifiées permettrait d'appréhender des formes spécifiques du racisme et des discriminations en haut de l'espace social et touchant les personnes vivant des trajectoires de mobilité sociale ascendante. Enfin, nous avons choisi de nous intéresser aux expériences globales de la minoration raciale des enquêtés, sans nous limiter aux domaines déterminés par la loi de la discrimination, ce qui nous permet de saisir les rapports de pouvoir qui se jouent dans l'espace public ou dans la sphère privée qui échappent à la législation de la non-discrimination.

Le projet REACTAsie, conçu comme une recherche-action, comporte en outre une visée transformative. Il s'efforce aussi de questionner l'appropriation de la notion juridique de discrimination par les jeunes diplômés, afin d'augmenter leur pouvoir d'agir, qui se traduirait par un taux de réaction et de recours plus important. En décrivant l'ampleur et l'intensité du racisme et des discriminations dans chacun des différents domaines sociaux, et en analysant les spécificités des expériences de racialisation (Fanon, 1961 ; Mazouz, 2020) dans chaque domaine, notre recherche pourrait éclairer les acteurs sociaux de la lutte contre le racisme et les discriminations dans leurs réflexions et actions.

Dans le texte qui suit, après une présentation de la méthodologie de recherche et des profils des enquêtés, nous analyserons les données empiriques organisées par domaines sociaux. Notre analyse se décline en trois temps. Dans un premier temps, nous étudions les deux domaines où l'expérience du racisme est la plus fréquemment rapportée (« espace public », « cercle amical et réseaux sociaux ») ; dans un deuxième temps, nous analysons les deux domaines où les discriminations et le racisme revêtent d'une certaine intensité et qui sont fortement imbriqués (« école » et « travail ») ; enfin, nous discutons de façon groupée, les

[212] V. C. pén., art. 132-76 – L. n° 2008-496 du 27 mai 2008, art. 1, portant diverses dispositions d'adaptation au droit communautaire dans le domaine de la lutte contre les discriminations.

[213] Projet financé par le Défenseur des droits (2020-2022) et hébergé au CNRS, v. rapport de recherche (2023), Wang *et al.*

quatre autres domaines étudiés (« soin », « logement », « services publics », « famille et relations amoureuses ») dans lesquels le racisme et les discriminations sont relativement peu rapportés.

Méthodologie et profils des enquêtés

L'enquête s'appuie sur un partenariat déjà établi entre le réseau de recherche MAF (Migrations de l'Asie de l'Est et du Sud-Est en France) et l'association des jeunes Chinois de France (AJCF) [214]. L'équipe de recherche est composée principalement de chercheurs (hommes et femmes) issus de diverses immigrations asiatiques, aux statuts socio-démographiques variés, ce qui pourrait favoriser l'instauration d'une relation de confiance entre les chercheurs et les enquêtés. Parmi les 32 enquêtés, quatre ont également participé au tournage d'une mini-série qui fait partie du volet « action » du projet REACTAsie.

Au cours de l'automne 2020 et du printemps 2021, deux appels à participation ont été diffusés par l'AJCF au sein de ses réseaux. Le recrutement des personnes enquêtées s'est fondé sur le critère d'auto-identification des personnes comme ayant une origine asiatique et le thème de l'enquête (racisme et discriminations) a été d'emblée communiqué aux participants, sans que les deux notions (racisme et discrimination) aient été formellement définies. Cette méthodologie comporte un biais de sélection dans la mesure où les personnes déjà sensibilisées aux questions de discriminations et de racisme auraient pu être plus enclines à participer à l'étude. Toutefois, dans la construction de la population d'étude, l'équipe de recherche s'est attachée à inclure des personnes ayant des profils et parcours suffisamment variés. Par ailleurs, dans l'objectif d'interroger l'appropriation de la catégorie « discrimination » par les enquêtés, la définition juridique de la discrimination n'a pas été d'emblée communiquée aux enquêtés, ce qui a permis de leur laisser la liberté de qualifier les expériences vécues selon leur propre compréhension de la situation et avec leur propre vocable.

Notre travail de recueil de données vise à réaliser une cartographie des conditions des jeunes diplômés d'origine asiatique et à décrire leurs vécus des discriminations et du racisme. Au total, 49 entretiens biographiques et approfondis ont été menés (la majorité en français, un en anglais, un en chinois et trois en japonais), de décembre 2020 à juillet 2022, auprès de 32 enquêtés, issus de neuf pays et régions asiatiques. L'approche par entretien biographique permet de ne pas se limiter aux contextes d'interaction et lieux de production (école, travail, logement, famille, santé, services publics, cercle d'amis, espace public, etc.) mais

---

[214] Créée en 2009, l'AJCF a contribué à révéler les affaires de Zhang Chaolin et de Liu Shaoyao au grand public. Zhang Chaolin, primo-arrivant originaire de la région de Wenzhou, a été agressé par un groupe de jeunes en août 2016 dans une rue d'Aubervilliers. Liu Shaoyao, en provenance de la même région, a été tué par la police le 26 mars 2017 à son domicile dans le 19e arrondissement de Paris.

de situer les vécus de discriminations et de racisme dans un processus au long cours.

Parmi les personnes enquêtées, près des deux tiers sont de sexe féminin (n = 20) et deux tiers ont moins de 30 ans au moment de l'enquête. 80 % des enquêtés ont un niveau d'études bac + 5 ou supérieur ; dix enquêtés sont encore étudiants et 22 exercent un emploi. Dans une grande majorité des cas, les personnes actives sont cadres ou relèvent des professions intellectuelles supérieures.

Du point de vue objectif, l'origine des enquêtés est appréhendée par leur pays de naissance ou celui des parents (ou l'un de leurs parents). Un peu plus de la moitié (n = 17) sont originaires de la Chine continentale. Les autres sont originaires des pays et régions suivants : Japon (trois), Corée (deux), Vietnam (deux), Laos (un), Philippines (un), Hong Kong (un), Taïwan (deux). Deux enquêtés sont d'origine sino-cambodgienne (l'un des parents en provenance de la Chine et l'autre du Cambodge). La majorité des enquêtés (n = 22) sont nés sur le sol français (France métropolitaine ou France d'outre-mer). Six enquêtés sont arrivés en France à l'âge adulte et quatre sont arrivés avant ou pendant leur adolescence (« génération 1.5 »)[215]. Du point de vue du lieu de résidence, deux tiers des enquêtés résident en Île-de-France (dont la moitié dans Paris intra-muros).

Les domaines où l'expérience du racisme prédomine : « espace public » et « cercle amical et réseaux sociaux »

Espace public. L'espace public désigne les endroits accessibles au public, quel que soit leur statut juridique (public ou privé), dans lesquels chacun peut avoir une garantie de libre mouvement (Paquot, 2009). L'espace public est une production qui résulte de rapports de pouvoir (Luxembourg et Noûs, 2021). Il est aussi un espace où règnent l'hétéronormativité (Debonneville et Lieber, 2021) et les normes linguistiques (Bulot, 2013). Le rapport de pouvoir existant dans l'espace public entre deux protagonistes contribue à légitimer la salutation et la question générées par un préjugé lié à l'apparence physique (Lieber, 2008). Selon Hancock, l'altérisation commence par un mécanisme de « laisser entendre que sa place est ailleurs/qu'il/elle n'est pas légitime ici » (2014). Si on n'est pas à sa place, les contraintes apparaissent à travers « les rappels à l'ordre » qui renvoient aux phénomènes souvent violents comme la violence hétéronormative, le racisme, ou le classisme (Hancock 2014). Nos enquêtés y expérimentent le racisme, le harcèlement, l'insécurité linguistique, voire les violences verbales et physiques.

---

[215] La génération 1.5 se caractérise par les personnes qui ont quitté leur pays d'origine alors qu'elles étaient enfants ou préadolescentes. Ce qui signifie qu'elles ne sont ni de la première génération (primo-arrivants ayant immigré à l'âge adulte) ni de la seconde (enfants de migrants nés dans le pays d'accueil de leurs parents).

Les enquêtés rapportent leurs nombreux vécus d'être abordés par des inconnus dans la rue avec des interjections verbales telles que « Ah, Chinoise », « Ching, chang, chong », « Ni hao », « Konnichiwa », « Annyeonghaseyo ». Par ailleurs, beaucoup ont été questionnés par des inconnus, avec une question-type : « Ah mais vous êtes de quelle origine ? ».

Cette question sur l'origine, qui semble être considérée comme socialement acceptable parmi les questions d'ordre personnel généralement considérées comme indiscrètes (Dumitru, 2015), est plus souvent rapportée par les jeunes femmes que leurs homologues masculins. Elle est également étroitement imbriquée avec des commentaires sur l'apparence physique. Cela concerne encore plus les personnes issues de couples eurasiens, dont le physique peut susciter beaucoup de curiosité, parfois empreint d'une fascination envers l'exotique. C'est le cas pour l'enquêtée n° 32, 22 ans, étudiante née d'un couple sino-français, qui reçoit régulièrement des remarques exotisantes sur son physique : « Ah, j'aime bien tes yeux… Tu… enfin tu es de quel pays ? »

Un certain nombre d'enquêtés ont été victimes de vols dans l'espace public. Si certains banalisent les actes en mentionnant qu'ils se sont fait voler « comme tous les Lyonnais », sans faire de lien avec leur origine asiatique, d'autres, en revanche, font un lien direct entre les vols qu'ils ont subis dans l'espace public et leur origine asiatique :

> « Ne pas être blanche, donc paraître comme une cible facile. » (Enquêtée n° 13, 34 ans, serveuse d'origine japonaise).

Les vécus d'agressions physiques renforcent un sentiment d'insécurité dans l'espace public chez les femmes enquêtées. Dans la façon dont elles interprètent « pourquoi moi », le physique est parfois invoqué. Par exemple l'enquêtée n° 13, 34 ans, primo-arrivante, serveuse japonaise, associe ces vécus avec sa petite taille :

> « Je suis petite, je ne mesure que 1m48. Je me fais moquer, souvent. » (Enquêtée n° 12, 31 ans, enseignante d'origine japonaise).

En effet, l'espace public est également un lieu sexué dans lequel les violences ont lieu différemment selon les sexes/genres des victimes (Lieber 2008, Debonneville et Lieber, 2021). Des enquêtées femmes partagent davantage leur expérience d'être dévisagées dans la rue[216]. Pour l'enquêtée n° 26, les regards insistants la poussent à considérer l'espace public comme un lieu d'insécurité. L'enquêtée n° 15, d'origine laotienne, habitant dans une grande ville bretonne,

---

[216] Du point de vue du genre, le regard insistant a été catégorisé comme une forme de violence au nom des « regards appuyés » sur le site du gouvernement (Gayet-Viaud, 2021), bien que ces derniers ne soient pas inclus dans la liste des actes de l'outrage sexiste sanctionnés par la loi du 3 août 2018 : C. pén., art. 621-1, https://lext.so/GtT40R.

souligne la différence avant et après la pandémie de Covid-19. Selon elle, dans cette ville bretonne « plutôt socialiste », elle se sentait très bien avant la pandémie. En revanche, après la Covid-19, elle a l'impression de vivre des regards « du diable » dans la rue : « On évite les personnes qui ressemblent à des Chinois, et dans le métro, une fois, une dame d'âge moyen m'a dit qu'elle ne supporte plus les Asiatiques ».

L'enquêtée n° 17 distingue les vécus du harcèlement et des agressions des hommes asiatiques et des femmes asiatiques :

> « Je pense que vu que je suis une femme, je me fais plus souvent aborder. Et euh, que les remarques, il y a plus d'hommes qui se permettent de les faire. Parce que… j'avais, je connais des hommes asiatiques, et eux… enfin… se sont fait quasiment jamais aborder dans la rue, mais ont déjà entendu des insultes qui ont déjà été proférées à leur encontre dans la rue. Mais quand même beaucoup moins souvent que pour les femmes. » (Enquêtée n° 17, 26 ans, en formation continue, Eurasienne d'origine chinoise).

En outre, l'espace public est également un espace où le système hétéronormatif reste omniprésent. La majorité des harceleurs ou agresseurs sont des hommes, qui s'adressent à des femmes asiatiques. Le caractère sexuel des harcèlements et agressions peut parfois aller plus loin, jusqu'à une attente de transaction sexuelle : par exemple, être abordée par un passant avec une phrase telle que « ça coûterait combien pour la nuit ? »

Le niveau de français et/ou l'accent des personnes d'origine asiatique semblent également jouer un rôle important dans le traitement que ces personnes peuvent recevoir dans les établissements recevant du public. L'enquêtée n° 30 remarque que les gens sont moins gentils avec sa mère et ses tantes qui parlent français avec un accent. L'enquêté n° 14 (cadre d'origine chinoise, génération 1.5) partage, quant à lui, les vécus de ses parents dans un taxi Uber Pool, où le chauffeur s'est permis une remarque déplacée envers eux :

> « Ils se mettent sur la banquette arrière. Il y avait déjà une passagère sur la place du passager à l'avant et le chauffeur discute avec la passagère et à un moment (…) le chauffeur disait en gros qu'il n'aimait pas trop les deux passagers à l'arrière, il le disait sans se cacher à la passagère à l'avant parce que mes parents parlaient (…) entre eux en chinois. » (Enquêté n° 14, 38 ans, cadre d'origine chinoise).

Ces exemples mettent en évidence des traitements différenciés de clients en fonction de leurs compétences linguistiques. La non-maîtrise de la langue française semble être à la fois une source de moquerie (accent, erreurs de grammaire…), mais de supposée moindre capacité de défense face à une attaque à caractère raciste. Le chauffeur de taxi ne se serait probablement pas comporté ainsi s'il avait eu affaire à un jeune descendant capable de riposter à ses remarques racistes.

Enfin, plusieurs enquêtés relatent leur expérience d'être assimilés à des touristes, en raison de leur apparence asiatique. L'enquêtée n° 30 (25 ans, étudiante, née en France, d'origine sino-cambodgienne) remarque que lors de ses visites aux musées, les agents de ces établissements culturels utilisent presque systématiquement l'anglais avec elle.

> « Dans la rue, ou dans les magasins, maintenant on va voir que je suis asiatique et on va me parler en anglais. Pensant que je suis une touriste. (…) On voit même plus les Asiatiques qui sont français, on les assimile à des touristes, c'est comme si vous n'existiez pas en France, fin'… moi je ne suis pas d'accord. » (Enquêtée n° 30, 25 ans, étudiante d'origine sino-cambodgienne).

Cercle amical et réseaux sociaux. Les réseaux sociaux peuvent être considérés comme une extension de l'espace public, sous forme virtuelle. Dans les deux cas, la notion et les critères de discrimination ne s'appliquent pas véritablement, laissant place à la production des propos et actes racistes, du harcèlement et des violences.

Nous constatons plusieurs épisodes où les enquêtés subissent des remarques liées à leur origine dans leur cercle d'amis. Ces propos s'étendent de simples clichés sur les cultures asiatiques jusqu'à l'hypersexualisation du corps féminin, exprimés dans les interactions les plus banales de la vie quotidienne. Puisque ces remarques se produisent dans les relations sociales de proximité, elles conduisent à des interprétations ambivalentes (Eddo-Lodge, 2018 ; Henry, 2022) chez les enquêtés : certains ne les perçoivent pas comme étant racistes, tandis que d'autres les considèrent comme telles, mais en minimisent l'impact (« ça ne me dérange pas ») ou en excusent les auteurs (« c'était pour rire », « c'était de la bonne camaraderie ») (Blassel 2021).

Rappelons que l'interprétation des signaux racialisants dépend fortement des contextes sociaux. L'enquêtée n° 15, 32 ans d'origine laotienne et consultante en économie circulaire, dit également que les blagues entre amis fondées sur les stéréotypes liés à son origine la dérangent largement moins que ce même type de discours qu'elle rencontre – de façon récurrente – dans le milieu professionnel, dans les commerces et plus largement dans l'espace public, en les décrivant comme « une sorte de moquerie camouflée euh d'humour ».

L'enquêtée n° 22 (23 ans et étudiante d'origine chinoise précédemment présentée) souligne l'omniprésence de la question sur son origine ethno-raciale dans sa vie sociale incluant l'espace virtuel.

Sur la toile, les enquêtés confirment que la pandémie de Covid-19 a aggravé les discours stéréotypés et haineux envers les personnes d'apparence physique réelle ou supposée asiatique, bien que ces derniers existent bien avant 2020. Le témoignage de l'enquêtée n° 17, 26 ans, née en France d'un couple eurasien, est révélateur.

> « Le harcèlement sur les réseaux sociaux, des gens qui envoient toujours des remarques (…) c'est toujours lié au physique (…) ça m'est arrivé de temps en temps, (…) enfin le racisme sur les réseaux sociaux, c'est à travers ma sœur parce qu'elle, (…) c'est tous les jours ça va être des remarques… »

L'enquêtée partage également les difficiles moments de discussion avec la mère de son meilleur ami (d'origine non asiatique), qui émet des propos racistes envers les personnes d'origine chinoise depuis le début de la pandémie de Covid-19. Selon elle, la mère de son meilleur ami et son compagnon se sont « un peu radicalisés dans leurs idées » et elle pense que c'est la pandémie qui les a amenés à « devenir comme ça ». La Covid-19 a plus que jamais augmenté les propos et actes racistes dans tous les aspects de la vie sociale, en premier lieu dans l'espace public.

L'école et le travail : quand les discriminations se conjuguent avec le racisme

L'école et le travail constituent deux domaines de la discrimination définis par la loi. Dans le système éducatif et sur le marché du travail, les expériences de discriminations des enquêtés se conjuguent souvent avec celles du racisme. En général, les jeunes diplômés interrogés ont tendance à verbaliser davantage le racisme que les discriminations. Il est difficile de savoir si cette prédominance de racisme auto-rapporté reflète une tendance générale ou résulte d'un biais cognitif : il est plus facile de déchiffrer un message raciste qu'une situation de discrimination où différents facteurs sont souvent inextricablement imbriqués. Les résultats de l'enquête TeO2 montrent que les descendants d'origine asiatique rapportent plus des expériences de racisme que de discrimination, tous domaines confondus (Simon, 2023).

Tout comme la famille, l'école constitue une instance de socialisation raciale (Foy, 2022 ; Lignier et Pagis, 2017 ; Massei, 2022 ; Oppenchaim et Thalineau, 2022). C'est souvent à l'école que les enquêtés expérimentent pour la première fois le racisme et les discriminations. Les travaux psychologiques montrent que les enfants commencent à développer des préjugés liés à la race dès l'âge de trois ans (Winkler, 2009). Parmi les 32 enquêtés, 19 déclarent avoir subi des actes racistes ou discriminatoires pendant leur scolarité. Quel que soit le genre de l'enquêté, le racisme qu'ils ont vécu à l'école à leur plus jeune âge est souvent basé sur des phénotypes (« yeux moches », « peau sale », « nez épaté », etc.) et alimenté par des représentations stéréotypées sur les populations et cultures asiatiques. Pour plusieurs, l'expression « bol de riz » était utilisée. Au collège et au lycée, les vécus de racisme commencent à être davantage liés au genre et à la sexualité.

« On m'a dit que je ressemblais aussi à une star du porno au lycée… bon bref on m'a associée à elle, tout ça parce qu'elle était Asiatique et moi aussi, au lycée quoi. » (Enquêtée n° 22, 23 ans, étudiante, née en France d'origine chinoise).

« Oui forcément du coup y a toute cette compétition sur la virilité. Il faut prouver qu'on est viril, "mais face à toi un Asiatique, y a pas besoin parce que moi je sais que je suis déjà plus un homme que toi, parce que moi je suis pas Asiatique et toi tu es Asiatique donc tu es de fait moins un homme que moi". » (Enquêté n° 26, 23 ans, étudiant, né aux Philippines et arrivé en France à l'âge de 6 ans)

Au cours de leur scolarité, les jeunes enquêtés ont également subi des stéréotypes de « minorité modèle » tels que « fort en maths » ou « bon à l'école » qui peuvent engendrer des effets pervers (Lee, 1996 ; Min et Kim, 1999) : d'une part les enfants peuvent avoir l'impression de ne jamais être « suffisamment bons », et de ce fait être poussés à en faire toujours plus et être excessivement exigeants envers eux-mêmes ; d'autre part, les enfants peuvent faire des choix d'orientations scolaire et professionnelle du fait des attentes sociales plutôt que par intérêt personnel.

À l'école, la stigmatisation raciste s'imbrique souvent avec le mépris social. C'est notamment le cas des enfants des migrants économiques qui sont employés pour beaucoup dans des « niches ethniques » notamment la restauration (Beltrán Antolín, 2005 ; Cologna, 2005 ; Ma Mung, 1992). Ces enfants subissent fréquemment les moqueries de leurs camarades de classe, faisant allusion à la profession de leurs parents. Lorsque certains enquêtés parviennent à être admis dans des établissements scolaires prestigieux (des classes préparatoires sélectives par exemple), ils rapportent leur difficulté à se faire des amis « blancs » et leur sentiment de ne pas être à leur place.

Ces vécus de stigmatisation ont eu des effets plus ou moins traumatisants pour les enquêtés, notamment pendant leur adolescence, et ont participé à façonner leurs aspirations et trajectoire sociale. Il convient de souligner que la plupart des enquêtés ont assimilé *a posteriori* leurs expériences désagréables à l'école à des « moqueries », lorsque certaines expériences rapportées pourraient être interprétées comme du harcèlement scolaire. Leurs parents, lorsqu'ils ont été informés des expériences de l'enfant, ont minimisé la gravité des faits. Ainsi, aucun enquêté n'a fait recours ou rapporté son vécu à une autorité durant sa scolarité.

Il convient aussi de rappeler l'ampleur du racisme et des discriminations en haut du palier scolaire, dans l'enseignement supérieur (Hamel *et al.*, 2022). Pour les enquêtés, l'entrée dans le supérieur coïncide souvent avec une conscientisation plus poussée des rapports sociaux de race. Ainsi, plusieurs d'entre eux ont rapporté les situations de minoration raciale vécues durant leurs études supérieures :

> « [Mes camarades de classe à l'ESSEC] Les Européens avaient un groupe WhatsApp et ils s'appelaient "l'élite" et ils pensaient que les Asiatiques étaient bêtes. Parce qu'on ne parlait pas beaucoup en cours. Alors qu'on est juste différent culturellement. » (Enquêté n° 3, 34 ans, acheteuse d'origine taïwanaise).

> « Au campus, il y avait un garçon, on devait se mettre à deux dans un groupe, il arrive le dernier, j'étais arrivée en retard juste avant lui. Il s'assoit et il dit "ah mais c'est bien je me mets avec l'Asiatique qui va tout faire pour moi". » (Enquêtée n° 25, 37 ans, coach de vie, née en France d'origine chinoise).

Mais c'est sur le marché du travail, à la fois dans l'accès à l'emploi et la carrière professionnelle, que le traitement différencié lié à l'origine s'exprime de façon la plus flagrante. La confrontation au marché du travail constitue une épreuve pour les jeunes diplômés enquêtés, notamment les migrants qui cumulent plusieurs désavantages (statut étranger, patronyme asiatique, origine non européenne, etc.). Parmi les 32 enquêtés, 15 déclarent avoir subi du racisme et des discriminations au travail.

Une enquêtée (n° 19) née en France avec un nom et un prénom vietnamien, considère rétrospectivement que le fait d'avoir un nom asiatique l'a entravée dans sa recherche de stage après son master 2. La supposition de non-maîtrise de la langue française est une expérience répandue chez les enquêtés, y compris chez ceux qui sont nés en France ou qui y ont immigré très jeunes.

À un niveau macro, il existe un lien entre les stéréotypes raciaux et la segmentation du marché de travail (Meurs, Simon et Pailhé, 2006). La prégnance des stéréotypes raciaux conduit à l'assignation ethnique des tâches dans le processus de recrutement, en faisant fi de la qualification des candidats. En l'occurrence, l'enquêtée n° 3, née aux États-Unis et ayant grandi à Taïwan et ayant des nom et prénom asiatiques, raconte un épisode de discrimination après ses études dans une école de commerce parisienne :

> « À la sortie de mon MBA, j'ai postulé à des postes de gestionnaire, et je n'ai eu aucun entretien. Les entreprises qui m'appelaient me proposaient systématiquement des postes de vendeuse. J'avais jamais fait de vente de ma vie. Et tout le monde me proposait ce genre de poste. Je pense que c'est parce que je parle mandarin, anglais et français. Donc c'est une manière de me mettre dans une case. Je pense que c'est une des premières choses que je peux identifier comme du racisme en arrivant en France. » (Enquêtée n° 3, 34 ans, acheteuse d'origine taïwanaise).

Lorsqu'ils sont embauchés, les jeunes migrants d'origine asiatique sont souvent victimes de la dévaluation salariale et de différentes formes d'abus durant l'exercice de leur travail. Le rapport de pouvoir entre employeurs et salariés d'origine asiatique s'appuie sur la vulnérabilité juridique de ces derniers, mais aussi sur leur docilité supposée. Ainsi rapporte une jeune femme d'origine japonaise (enquêtée n° 13) qui travaille dans un restaurant dans la région Auvergne Rhône-Alpes :

> « [Le patron] n'embauche que les Asiatiques, parce que je crois que cela a un lien avec la discrimination des Asiatiques, des gens d'origine asiatique. Ils sont considérés [comme] dociles. Donc les salaires sont très bas. En général au Japon on ne négocie pas les salaires, je ne l'ai jamais fait, ce n'est pas très courant dans la société japonaise. » (Enquêtée n° 13, 34 ans, serveuse d'origine japonaise).

Si l'expérience de cette jeune serveuse témoigne d'une discrimination raciale flagrante (plusieurs conflits avec le patron liés à la demande de remboursement de frais de transport), les témoignages des autres enquêtés renvoient à un racisme quotidien, banalisé et insidieux. Ces expériences prennent la forme de remarques régulières des collègues ou des patrons qu'on peut qualifier de « micro-agressions » dans le lieu de travail (Huang, 2021). Ces blagues, bien que vexantes, ne sont pas toujours considérées par les enquêtés comme des épisodes de racisme : le caractère régulier et fréquent de cette forme de racisme a favorisé sa banalisation et participe au fardeau ambiant quotidien des jeunes travailleurs d'origine asiatique.

Comme c'est le cas à l'école, les remarques sur le lieu de travail contiennent souvent une dimension sexuée ou sexuelle et peuvent être assimilées, dans certaines situations, à des formes de harcèlement sexuel au travail. L'enquêtée n° 15, Française d'origine laotienne, travaille dans le bâtiment des travaux publics, « le secteur le plus masculin qui existe » d'après ses dires. Au cours de sa carrière, elle a vécu des expériences « embarrassantes » et « traumatisantes ». Elle est fréquemment confrontée à des remarques sexistes, des harcèlements sexuels et racistes : « Mais toi tu es mignonne mais en plus t'es Asiatique donc forcément tu peux passer sous la table » ; « Bah oui euh tu vois pas dans les sites pornos, il y a plein de gens qui regardent que les Asiats quoi »). Ces expériences l'ont conduite à regretter son choix professionnel d'être autoentrepreneur dans le secteur du BTP en étant une jeune femme asiatique.

Les quatre domaines dans lesquels le racisme et les discriminations sont relativement peu rapportés

Les jeunes interrogés rapportent relativement peu d'expérience de racisme et de discriminations dans les domaines de la santé, du logement, des services publics, ou encore dans les relations familiales et amoureuses. Cette rareté des incidents rapportés n'enlève en rien l'intérêt d'étudier les expériences de traitements différenciés vécues par des enquêtés. De plus, un examen transversal de ces quatre domaines nous aidera à comprendre les raisons pouvant conduire à une sous-déclaration du vécu du racisme et des discriminations.

Domaine de la santé. Six des 32 enquêtés ont déclaré avoir été victimes de racisme ou de discriminations dans les lieux de soins. Les expériences rapportées mettent en relief un processus de racialisation du corps asiatique, qui conduit à un retard, voire à un défaut du soin.

L'enquêtée n° 30, étudiante française d'origine sino-cambodgienne qualifie son vécu durant l'enfance chez une ophtalmologue de racisme. Sa mère l'avait emmenée chez le médecin en raison de son strabisme. Après examen, la docteure avait dit que c'était « normal » qu'elle louche parce qu'elle était « Asiatique » et qu'« elle n'a[vait] pas besoin de lunettes ». Ses parents avaient décidé de faire appel à une autre ophtalmologue qui a établi un diagnostic totalement différent : l'enfant avait besoin d'une correction ophtalmologique.

Domaine du logement. Cinq enquêtés déclarent avoir vécu des incidents « désagréables » ou des expériences « odieuses », sans pour autant les qualifier clairement d'acte raciste ou discriminatoire. Une doctorante d'origine japonaise (enquêtée n° 11) nous raconte son expérience de recherche d'un appartement avec son compagnon français. Lors de la signature du bail, elle apprend que le propriétaire refuse de mettre son nom sur le contrat. L'enquêtée suppose que cela peut être lié à son « statut instable » d'étrangère et non spécifiquement à son origine asiatique. Elle témoigne de son ressenti d'être « dominée » et d'être mise dans une position asymétrique par rapport à son compagnon : « C'est comme si je venais vivre dans l'appartement que mon partenaire a loué ». Ainsi, les rapports de pouvoir entre propriétaire et locataires dans son accès au logement viennent s'immiscer dans ses relations conjugales.

Pour ce jeune cadre d'origine chinoise (enquêté n° 14), son parcours élitiste ne l'a pas protégé contre les propos racistes de sa propriétaire :

> « Le jour où j'ai mis fin au bail, elle a été odieuse pendant l'état des lieux. Elle m'a mis sur le dos plein de problèmes alors qu'en fait les problèmes venaient de son logement, et clairement elle m'a dit "je n'ai jamais vu ça, une personne euh une personne de votre origine" et puis elle dit "aussi sale etc. je n'ai jamais vu ça de ma vie". » (Enquêté n° 14, 38 ans, cadre d'origine chinoise).

Dans les services publics. De nombreux travaux démontrent les discriminations et les actes racistes à l'encontre des étrangers aux guichets de la préfecture et dans leurs démarches administratives (Dunezat, 2016 ; Laurens, 2006 ; Spire, 2008 ; Weil, 1995). La langue est souvent un facteur de discrimination dans ce type d'interactions sociales. Les migrants vivent une « insécurité linguistique » pouvant être génératrice de discriminations socio-langagières. Cela concerne en premier lieu les enquêtés primo-arrivants. L'enquêtée n° 11 (doctorante d'origine japonaise, présentée *supra*) a subi un épisode déplaisant au bureau de Poste. La personne du guichet a répété sa phrase sans prendre en compte sa demande.

Le niveau linguistique en français des primo-arrivants joue en effet un rôle crucial dans la façon dont ils sont susceptibles d'être perçus et accueillis dans les services publics. L'enquêté n° 14 (cadre d'origine chinoise) souligne le décalage flagrant entre l'accueil que lui-même (maîtrisant parfaitement le français) reçoit dans les services publics et les expériences de ses parents devant la même administration française.

Pour expliquer la relative faible verbalisation du vécu de racisme et discriminations dans les trois domaines jusqu'ici discutés (« soin », « logement » et « services publics »), il convient de rappeler la limite de notre étude qui s'appuie uniquement sur les points de vue du public reçu (« patients », « locataires » ou « usagers »), qui manque de point de comparaison et qui n'a pas de connaissance sur les rapports et les processus générateurs des inégalités de traitement. À ce propos, notre étude pourrait être utilement prolongée par des enquêtes approfondies menées auprès d'auteurs, autrement dit, professionnels de santé (Carde, 2007 ; Prud'homme, 2016 ; Cognet, 2017), propriétaires du logement / personnes qui louent, ou employeurs des services publics.

Relations familiales et amoureuses. Une seule enquêtée a témoigné d'actes de racisme intra-familial, dont l'analyse convoque incontestablement l'intersectionnalité.

> « Mon père était très violent avec ma mère… [C'était] un homme blanc, puissant, et qui avait cette attente de la docilité de la part des femmes… Au moment où je vous parle, je me souviens qu'il se moquait de ma grand-mère, méchamment. Quand ma grand-mère (d'origine chinoise) était arrivée en France, elle venait nous voir. Il se moquait d'elle (de son accent) et moi j'étais une enfant, je pensais que c'était drôle, et je l'imitais… » (Enquêtée n° 7, métisse d'origine chinoise).

Le témoignage de faits relevant du cercle familial est difficile, d'autant plus qu'il se heurte à la domination masculine encore prépondérante dans la société. Il est donc probable que le phénomène de racisme intra-familial soit sous-documenté, en lien également avec le caractère de « réprobation morale » entourant le racisme (Eberhard et Rabaud, 2013).

L'enquêtée n° 22 confie quant à elle être constamment confrontée, dans les relations amoureuses, à des clichés « extrêmement racistes » sur le corps des femmes asiatiques. Le fait d'être réduite à un fantasme sexuel par rapport à son origine devient « lourd » pour elle et elle se sent devenir « un objet ». Ce vécu fait écho au phénomène de *yellow fever*, sexisme racialisé qui prend les femmes asiatiques pour cible (Estocapio, 2020 ; Patel, 2008 ; Zheng, 2016).

Conclusion

Dans cet article, adoptant une approche sociologico-structurelle (Stryker, 2001), nous avons décrit les expériences de discriminations et de racisme vécues par les jeunes diplômés d'origine asiatique. Les discriminations ne sont que le racisme mis en acte. C'est pourquoi nous avons analysé les discriminations et le racisme subis par les enquêtés en tant qu'éléments constitutifs d'un processus global de minoration raciale par lequel ceux-ci sont assignés à une « identité subalterne ». Les conséquences inégalitaires des discriminations raciales participent non seulement à façonner les trajectoires des enquêtés, mais aussi à (re)produire des groupes majoritaires et minoritaires.

Bien que les discriminations et le racisme soient appréhendés différemment par la loi française, au niveau biographique, il existe une grande corrélation entre racisme auto-rapporté et expériences de discriminations : ceux qui rapportent le plus d'expériences de discriminations tendent aussi à verbaliser leurs expériences du racisme, et vice-versa. Si aucun des enquêtés ne nie l'existence du phénomène discriminatoire et du racisme anti-asiatique, il y a un large éventail de postures discursives, allant de la minimisation à la dénonciation active, traduisant le processus différencié de la socialisation raciale et de la conscientisation du rapport social de race.

Notre enquête montre aussi que la définition juridique de discrimination est loin d'être au fait de tous. La non familiarité avec la catégorie de discrimination n'a pas empêché les enquêtés de verbaliser leurs vécus avec leur propre vocable. Mais elle traduit une réelle difficulté de la part des jeunes d'origine asiatique interrogés à qualifier leurs expériences d'injustice de discriminations, tant l'acte de qualification implique un raisonnement complexe de « toutes choses égales par ailleurs » et parfois une réflexion agnostique (« s'agit-il réellement d'une discrimination ? »). Ce biais cognitif pourrait expliquer en partie le faible taux de recours des victimes, outre les facteurs culturel, linguistique, administratif et économique que nous avons mis en avant dans le rapport de recherche REACTAsie en ce qui concerne les migrants asiatiques primo-arrivants (Wang *et al.*, 2023). Une plus large sensibilisation au phénomène de discriminations, couplée à une diffusion de la définition juridique de discrimination pourrait permettre d'augmenter le taux de recours.

Notre étude montre en outre la forte variation des expériences des discriminations et du racisme selon le domaine social examiné. Les traitements inégaux à l'égard des personnes d'origine asiatique restent importants dans les domaines qui ne sont pas concernés par la loi sur la discrimination : tels que dans l'espace public (la rue, les transports en commun, etc.), dans le cercle amical. Face aux expressions raciste et discriminatoire dans ces domaines, le droit de la discrimination s'avère inefficace. Or, la banalisation du racisme et des discriminations dans ces domaines participe à l'ambiance quotidienne dans laquelle vivent des personnes d'origine asiatique et peut s'avérer particulièrement dévastatrice pour leur santé physique et mentale. Des réflexions peuvent être menées afin d'y remédier et les leviers d'action peuvent se construire dans deux directions : du côté du droit, il serait judicieux d'étudier la possibilité d'extension du droit de la discrimination dans ces domaines non définis par la loi ; du côté de la société civile, il s'agirait de renforcer la réflexivité, la résilience et la capacité d'agir des personnes d'origine asiatique dans la société française à travers la création d'un espace de parole et de soutien psychologique au sein des associations, ainsi que le développement d'outils de sensibilisation destinés à la population française en général.

Bibliographie

Attané I., Chuang Y. H., Santos A., et Wang S. (2021), « Immigrés et descendants d'immigrés chinois face à l'épidémie de Covid-19 en France : des appartenances malmenées », *Critique internationale*, n° 91 (2), pp. 137-159.

Bereni L. et Chappe V.-A. (2011), « La discrimination, de la qualification juridique à l'outil sociologique », *Politix*, n° 94 (2), pp. 7-34.

Beltrán Antolín J. (2005), « Chinese Entrepreneurship in Spain: The Seeds of Chinatown », *in* Spaan E., Hillmann F. and van Naerssen T., *Asian Migrants and European Labour Markets: Patterns and Processes of Immigrant Labour Market Insertion in Europe*, Routledge, pp. 285-308.

Bulot T. (2013), « Discrimination sociolinguistique et pluralité des normes identitaires : Linguicisme de référence et linguicisme d'action », *Cahiers internationaux de sociolinguistique*, n° 4, pp. 7-27.

Blassel R. (2021), *(Dé)Construire la race : socialisation et conscientisation des rapports sociaux chez les diplômé.e.s du supérieur*, thèse, université Côte d'Azur.

Carde E. (2007), « Les discriminations selon l'origine dans l'accès aux soins », *Santé Publique*, n° 19, pp. 99-109.

Chappe V.-A. (2022), « La discrimination comme régime de qualification. Appréhender et prouver les injustices au travail », *Tracés. Revue de Sciences humaines*, n° 43, pp. 93-114.

Cognet M. (2017), « Du traitement différentiel à la discrimination raciste dans les pratiques cliniques », *Les Cahiers de la LCD*, vol. 5, pp. 25-42.

Cologna D. (2005), « Chinese Immigrant Entrepreneurs in Italy: Strengths and Weaknesses of an Ethnic Enclave Economy », *in* Spaan E., Hillmann F. and van Naerssen T., *Asian Migrants and European Labour Markets: Patterns and Processes of Immigrant Labour Market Insertion in Europe*, Routledge, pp. 262-284.

Debonneville J. et Lieber M. (2021), « Rappels à l'ordre sexué dans l'espace public : perspective intersectionnelle sur les violences dans l'espace public », *Dynamiques régionales*, vol. 12, pp. 83-101.

Dumitru S. (2015), « De quelle origine êtes-vous ? Banalisation du nationalisme méthodologique », *Terrains/Théories*, vol. 3.

Dunezat X. (2016), « L'accueil en préfecture aux guichets pour étrangers : Une forme de racisme institutionnel ? », *Migrations Société*, n° 163(1), pp. 91-108.

Eberhard M. (2010), « Habitus républicain et traitement de la discrimination raciste en France », *Regards sociologiques*, n° 39, pp. 1-83.

Eberhard M. et Rabaud A. (2013), « Racisme et discrimination : une affaire de famille », *Migrations Société*, 147148(3), pp. 83-96.

Eddo-Lodge R. (2018), « Why I'm No Longer Talking to White People About Race », 1re éd., Bloomsbury Publishing PLC.

Estocapio C. (2020), *Battling Yellow Fever: An Analysis of How Fetishized Bodies Manage Identity*, Communication Studies Undergraduate Publications, Presentations and Projects, 1-27.

Fanon F. (1961), *Les damnés de la terre*, Maspero.

Foy L. (2022), « Distinguer le "Eux" du "Nous" : l'école comme espace de construction et de rigidification des identités raciales », Journées d'étude *Race et socialisation.*

Gao Y., Lévy F. et Poisson V. (2006), « De la migration au travail. L'exploitation extrême des Chinois-e-s à Paris », *Travail, genre et société*, n° 16 (2), pp. 53-74.

Gayet-Viaud C. (2021), « Le harcèlement de rue et la thèse du continuum des violences », *Déviance et Société*, vol. 45(1), pp. 59-90.

Hajjat A., Keyhani N. et Rodrigues C. (2019), « Infraction raciste (non) confirmée. Sociologie du traitement judiciaire des infractions racistes dans trois tribunaux correctionnels », *Revue française de science politique*, n° 69 (3), pp. 407-438.

Hancock C. (2014), « L'espace ressource ou leurre : qu'est-ce que penser spatialement fait gagner, et perdre, à la réflexion sur le genre ? », *Les Cahiers du CEDREF*, n° 21.

Henry A. (2022), *All the White Friends I Couldn't Keep: Hope – and Hard Pills to Swallow – About Fighting for Black Lives*, Convergent Books.

Huang T. J. (2021), « Negotiating the workplace: Second-generation Asian American professionals' early experiences », *Journal of Ethnic and Migration Studies*, 47 (11), pp. 2477-2496.

Laurens S. (2006), « Le racisme, attribut du populaire ? », *Plein droit*, vol. 69(2), pp. 9-12.

Lieber M. (2008), *Genre, violences et espaces publics. La vulnérabilité des femmes en question*, Presses de Sciences Po.

Lignier W. et Pagis J. (2017), *L'enfance de l'ordre – comment les enfants perçoivent le monde social*, Seuil, Sciences humaines.

Luguern L.-K. (2016), « La représentation des immigrants », *Hommes & migrations*, n° 1314, pp. 141-145.

Luu C. et Zhou-Thalamy A. (2022), « Un nouvel antiracisme asiatique ? Émergence et structuration de nouvelles pratiques de luttes des personnes perçues comme asiatiques en France », *Les Cahiers de la LCD*, vol. 15, pp. 65-83.

Luxembourg C. et Noûs C. (2021), « Les espaces publics sont-ils neutres ? Lecture spatiale des rapports sociaux de genre, lecture genrée des rapports socio-spatiaux », *Dynamiques régionales. Revue interdisciplinaire de l'IWEPS*, vol. 12.

Ma Mung E. (1992), « Dispositif économique et ressources spatiales : éléments d'une économie de diaspora », *Revue européenne des migrations internationales*, vol. 8(3), pp. 175-193.

Massei S. (2022), « Le public scolaire face au discours égalitaire. Une réception entre genre, race et classe », *Revue française de pédagogie*, vol. 217, n° 4, pp. 97-111.

Mazouz S. (2020), *Race*, Anamosa.

Meslin K. (2011), « Les réfugiés cambodgiens, des ouvriers dociles ? Genèse et modes de pérennisation d'un stéréotype en migration », *Revue européenne des migrations internationales*, n° 27 (3), pp. 83-101.

Oppenchaim N. et Thalineau A. (2022), « "Être français c'est être blanc" : l'influence croisée de la famille et de l'école sur la mise en ordre enfantine du monde social », Journées d'étude *Race et socialisation.*

Paquot T. (2009), *L'espace public*, La Découverte.

Patel N. (2008), « Racialized sexism in the lives of Asian American women », *Benefiting by design: Women of color in feminist psychological research*, Cambridge Scholars Publishing in association with GSE Research, vol. 116, p. 116-128.

Prud'homme D. (2016), « Du "soin global" au traitement discriminatoire : la prise en charge de patientes identifiées comme roms dans un service de gynéco-obstétrique parisien », *Terrains & travaux*, n° 29, pp. 85-104.

Simon P. (2023), « Identités ethniques et raciales et expériences de racisme ou de discrimination : éléments de discussion à partir des enquêtes TeO2 », Séminaire du département INTEGER, ICM.

Spire A. (2008), *Accueillir ou reconduire : Enquête sur les guichets de l'immigration*, Liber/Raisons d'agir.

Stryker R. (2001), « Disparate Impact and the Quota Debates : Law, Labor Market Sociology, and Equal Employment Policies », *The Sociological Quarterly*, n° 42 (1), pp. 13-46.

Wang S. (2017), *Illusions et souffrances. Les migrants chinois à Paris*, Éditions Rue d'Ulm.

Wang S., Chen X., Li Y., Luu C., Yan R. et Madrisotti F. (2021), « "I'm more afraid of racism than of the virus !" : racism awareness and resistance among Chinese migrants and their descendants in France during the Covid-19 pandemic », *European Societies*, pp.S721-S742.

Wang S. et Madrisotti F. (2021), « Le racisme anti-asiatique au temps de la pandémie de Covid-19 : vécus, énonciations et luttes », *Politika*, n° 23, https://lext.so/VBcPwR.

Wang S., Chen X., Li Y., Luu C., Yan R. et Madrisotti F. (2022), « Déni et (d)énonciation du racisme anti-asiatique au temps de la Pandémie de Covid-19 », *Émulations – Revue de sciences sociales*, n° 42, pp. 129-148.

Wang S., Li Y., Cailhol J., Hayakawa M., Kim Y. et Haas S. (2023), L'expérience du racisme et des discriminations des personnes originaires d'Asie de l'Est et du Sud-Est en France (REACTAsie), Rapport de recherche, 28 p., https://www.defenseurdesdroits.fr/sites/default/files/2023-07/ddd-eclairages-reactasie-20230315.pdf.

Weil P. (1995), « Racisme et discrimination dans la politique française d'immigration 1938-1945/1974-1995 », *Vingtième siècle*, vol. 47, pp. 77-102.

Winkler E. N. (2009), « Children Are Not Colorblind: How Young Children Learn Race », *PACE*, n° 3 (3), pp. 1-8.

Zheng R. (2016), « Why Yellow Fever Isn't Flattering: A Case Against Racial Fetishes », *Journal of the American Philosophical Association*, n° 2(3), pp. 400-419.

RECENSIONS

Dagorn J. et Alessandrin A. (2023), DISCRIMINATIONS DANS LA VILLE. SEXISME, RACISME ET LGBTPHOBIE, Double ponctuation

MYRIEM KADRI

Mots-clés : Discriminations ; Ville ; Intersectionnalité ; Violences ; Espaces publics

Dans *Discriminations dans la ville, sexisme, racisme et LGBTphobie* (2023), Arnaud Alessandrin et Johanna Dagorn offrent l'analyse d'une vaste enquête sociologique en vue de rendre intelligibles et visibles les discriminations banalisées et ouvrir la voie à une perspective intersectionnelle des violences dans l'expérience publique de la ville.

Depuis plusieurs années, les recherches consacrées aux discriminations et aux injustices spatiales ne se sont jamais taries. Dans *Discriminations dans la ville*, Alessandrin et Dagorn proposent une lecture claire et nuancée des réalités touchées par le concept de discriminations. Ils adoptent un plan particulièrement lisible et cohérent ; chacun des trois grands critères de discriminations – le sexisme, le racisme et la LGBTphobie – est traité dans un chapitre, suivi d'une dernière partie d'analyse intersectionnelle de l'expérience des discriminations. S'appuyant sur des enquêtes quantitatives et qualitatives, les auteurs se placent résolument du côté de l'expérience sensible et singulière des personnes, et prônent une production scientifique participative visant à être opérationnelle et transformatrice de son objet de recherche.

À travers chiffres et témoignages, l'ouvrage aborde les discriminations non uniquement comme des inégalités de droits ou des phénomènes statistiques, mais comme des expériences sensibles et incarnées, profondément enracinées dans la quotidienneté des espaces publics. La lecture est portée sur la ville comme théâtre des violences discriminatoires, où se cristallisent les mises en marge et en vulnérabilité des personnes genrées et/ou racisées.

Dagorn et Alessandrin construisent le fil rouge de l'ouvrage autour de la problématique et du sujet de la banalisation des discriminations sexistes, raciales et/ou homophobes dans les espaces publics et urbains. La conception goffmanienne de l'espace est ici mobilisée pour saisir le continuum des vécus des discriminations avec l'existence urbaine et comment elles contraignent subtilement les manières d'occuper les lieux publics. Inspirés des théoriciennes de l'intersectionnalité et du genre, les sociologues font aussi valoir les différentes formes et critères de discriminations ne pouvant être pensés et compris isolément.

Discriminations dans la ville participe en cela à soutenir l'idée que l'expérience personnelle des discriminations est enchâssée dans un ensemble de critères cumulables (genre, race, religion, apparence, classe sociale, milieu d'habitat) qui mettent à l'épreuve des individus dans leurs individualités et affectent leur citoyenneté spatiale et urbaine. Bien que l'effet de sexe ou de race reste un critère prépondérant des discriminations, c'est bien la LGBTphobie qui reste symbolique des effets cumulés des critères de discriminations, justifiant davantage les violences hétérosexuelles liées à la masculinité virale. Se saisir ainsi des mécanismes discriminatoires et de leurs effets réducteurs des identités des personnes implique, tout au long du texte, une approche par la triangulation des acteurs des discriminations : victimes/auteurs/témoins.

Comment ces discriminations, qui altèrent toutes les dimensions de l'existence collective, sont-elles vécues fatalement comme telles, rendant difficile d'entrevoir les résistances possibles à leur perpétuation ? Les sociologues répondent en soulignant cette contradiction chez les personnes victimes de discriminations, qui sont prises dans une « intériorisation » des violences dans les usages quotidiens des espaces urbains, et agissent non plus pour s'en affranchir mais pour les éviter ou les contourner.

Si les femmes ont intégré la peur de l'agression sexuelle dans les espaces publics, la toile de fond du sexisme, nous disent les auteurs, constitue le produit d'une « sédimentation progressive des peurs et des légitimités des corps » face aux violences (p. 37). C'est pourquoi l'image de la victime comme « passive » ne semble pas totalement évacuée dans l'ouvrage. L'effet de quotidienneté des violences empêche une résistance soutenable ou une recherche d'aide, reconduisant ainsi la victime dans la marginalisation sociale et urbaine. De ce constat, de l'inertie sociale et l'inaction collective des victimes comme des témoins des actes discriminatoires, les sociologues trouvent également un sens dans le fatalisme et la résignation des discriminés face à l'altération continuelle de leur manière d'habiter librement la ville.

Pour expliquer le phénomène « d'invisibilité visible » des discriminations sexistes, raciales et/ou homophobes, les sociologues analysent les sentiments et ressentis des personnes face aux violences. Ils suggèrent ainsi une sociologie des émotions reflétant à la fois des conceptions différenciées des discriminations et des ressentis communs face à des violences ordinaires et pourtant scandaleuses. En plus des « peurs intériorisées » par les victimes, la colère, le dénigrement et le mépris sont des émotions collectives négatives, surreprésentées dans l'expérience commune des enquêtés.

Tout comme la banalisation, l'ambivalence de l'expérience des discriminations est une caractéristique de cet objet de recherche. Les discriminations affectent les individus différemment en fonction de la classe sociale, du territoire de vie, de l'appartenance religieuse, de l'apparence physique, etc. Les victimes ont un rapport subi à la ville mais disposent de répertoires d'actions stratégiques pour se distancier et se protéger des violences potentielles ou manifestes.

L'enquête nuance, néanmoins, cette analyse et montre la reproduction des inégalités face aux possibilités mêmes de contourner ou de résister aux phénomènes d'infériorisation ou de mésestime, par exemple dans le marché de l'emploi et/ou vis-à-vis des quartiers dits « prioritaires » de la ville (QPV). Dans ce rapport altéré à la ville, la force des discriminations raciales peut aussi être amplifiée par le poids des imaginaires stéréotypés associés aux territoires de vie des victimes, comme illustré par le récit de Karim, habitant d'une banlieue parisienne. Dans les usages de la ville, les auteurs proposent aussi au lecteur une critique de la fabrique des services publics comme espaces d'exclusions systémiques, rompant avec le pacte social républicain.

Au terme de la lecture, cet ouvrage représente, par sa rigueur scientifique, une œuvre essentielle à la sociologie urbaine et accessible à quiconque s'intéresse aux questions des discriminations et des exclusions urbaines. En rendant visible le problème de la banalisation des violences et les souffrances qu'elles induisent, Dagorn et Alessandrin appellent à traiter les discriminations de manière intersectionnelle et interpellent les politiques publiques sur des actions transformatrices pour renforcer la résilience des personnes discriminées. La dernière page offre au lecteur les mots de Mandela se référant aux luttes historiques antiracistes, anticoloniales et pour les droits fondamentaux. Cette conclusion symbolique résonne avec le ton introductif de l'ouvrage, enrichi par des récits de George Sand et du théâtre féministe de Phia Ménard. Elles racontent et défendent au moyen de l'art, la coexistence des singularités et la liberté de toutes et tous dans les espaces publics. La boucle est ainsi bouclée, articulant un plaidoyer essentiel : défendre le droit d'être soi et le droit à la ville.

Myriem Kadri
Doctorante en géographie et en sociologie (CIFRE)
Laboratoire Pléiade EA7338 de l'université Sorbonne Paris Nord
Laboratoire CLERSE de l'université de Lille.
Myriem.kadrihassanii@gmail.com

Pouy-Bidard B. (2023), TRANSIDENTITÉS EN ÉDUCATION PHYSIQUE ET SPORTIVE (EPS), L'Harmattan

LUDIVINE BRUNES

Bastien Pouy-Bidard est, depuis 2021, inscrit en thèse de sciences de l'éducation sous la direction de Sigolène Couchot-Schiex (CY Cergy Paris Université). Sa thèse, *Comprendre, transformer et accompagner les pratiques enseignantes en Éducation Physique et Sportive (EPS) au prisme de la pluralisation des identités de genre dans l'École (néo)républicaine* fait suite à son mémoire récompensé par le prix scientifique L'Harmattan dont cette recension fait état.

Dans *Transidentités en éducation physique et sportive (EPS)*, Bastien Pouy-Bidard explore les enjeux de la transidentité dans le contexte de l'EPS, offrant une analyse approfondie des défis et des opportunités pour les personnes trans dans ce domaine. Dans un contexte où l'inclusion officielle des élèves trans n'est que très récente (Pour une meilleure prise en compte des questions relatives à l'identité de genre en milieu scolaire, 2021) et où la littérature scientifique, notamment française, rencontre une réelle pénurie sur le sujet, le travail de Bastien Pouy-Bidard propose une réflexion pertinente et nécessaire sur les pratiques actuelles et les perspectives d'avenir en EPS.

Au-delà de son contenu novateur de situer les transidentités scolaires dans un contexte concernant uniquement l'EPS, Bastien Pouy-Bidard propose un travail prenant réellement en compte l'entièreté des spécificités de cette discipline d'enseignement.

Dans son premier chapitre, Bastien Pouy-Bidard rappelle la place du genre au sein d'une École qu'il caractérise de « néo-républicaine » et qui se confronte à la volonté de prendre en compte les différences tout en effaçant toute forme de discrimination. L'École cherche donc à la fois à différencier filles et garçons en référence à la « bicatégorisation sexuée des corps » (Couchot-Schiex, 2017) qui tend à faire foi au sein de notre société et notamment en valorisant la pratique sportive féminine (Combaz *et al.*, 2011 ; Ottogalli et Liotard, 2012), tout en souhaitant effacer ces différences par la considération d'un élève supposé neutre (Duru-Bellat, 2016 ; Ottogalli & Liotard, 2012). C'est au sein de cette dichotomie que réside la difficulté d'exister pour les élèves trans.

Dans son second chapitre, Bastien Pouy-Bidard présente son terrain d'enquête et le poids de l'EPS ressenti quasi systématiquement dans le discours de sept jeunes trans (cinq garçons trans et deux filles trans, dont trois ont fait leur coming out auprès de leurs camarades et de l'équipe éducative).

Dans son troisième chapitre, Bastien Pouy-Bidard fait référence aux vécus transidentitaires et à la perception des corps au sein des vestiaires dans la seule discipline scolaire qui exerce une action normative sur ces derniers. Le discours de ces sept élèves permet d'appuyer le poids des expériences liées aux vestiaires qui, au moment de l'enquête, restent régis par la circulaire de 2004 imposant la séparation garçon/fille en fonction du sexe (*a contrario* de la circulaire 2021 qui invite à prendre en compte l'identité de genre) (Recommandation à l'attention de la communauté éducative et des enseignants d'EPS, 2004). Il est alors difficile pour les élèves trans de trouver leur place dans un espace qui ne correspond pas à leur identité de genre et qui leur rappelle leur genre assigné. Les vestiaires et l'EPS en général apparaissent d'autant plus angoissants pour les élèves trans que les corps sont mis à nu, révélant les différences morphologiques normalisées féminines ou masculines.

Dans son quatrième chapitre, Bastien Pouy-Bidard évoque les groupes et les barèmes qui contribuent à l'aspect cisnormatif de la discipline. Au moment de l'enquête, le critère de sexe domine dans les modalités de groupement (souvent en mixité forcée voire en totale non-mixité assumée) ainsi que dans les barèmes de performances masculines et féminines en lien avec les attentes institutionnelles. Face à cette prépondérance du sexe dans l'enseignement, certains élèves évoquent la fragilisation de leur identité de genre et invitent à repenser les formes de groupement (Baudrit, 2005 ; Darnis & Lafont, 2008 ; Rey *et al.*, 2000).

Dans son cinquième chapitre, l'auteur évoque la place des APSA et des enseignants·es dans les vécus des élèves trans. Au travers de leurs discours, les élèves trans expriment leur manière d'investir ou non les APSA proposées en EPS et ce que les connotations des APSA impliquent au regard de leur identité de genre. Mais le rôle de l'enseignant·e dans son discours, sa posture, ses modalités d'évaluation influencent également cette possible affirmation.

L'ouvrage de Bastien Pouy-Bidard offre une contribution significative en comblant un vide important dans la littérature académique sur le sujet. Son analyse critique des normes de genre et des pratiques institutionnelles en EPS est à la fois perspicace et pertinente.

Son travail permet d'ouvrir les contributions scientifiques à ce sujet en spécialisant le triptyque école/élève/transidentité dans le contexte de l'EPS, tout en offrant aux premiers·ières concernés·es un espace où leurs paroles, leurs vécus, leurs ressentis face à l'ambivalence d'une discipline souvent perçue comme positive mais dont ressortent trop souvent des situations d'inconfort, voire d'angoisse et de mal-être.

Au-delà de l'intérêt scientifique, il permet également de mettre en avant l'inégal accès à l'épanouissement au sein des scolarités et la nécessité de poursuivre la lutte contre les stéréotypes sexués et genrés.

S'appuyant sur un travail de master, il sera intéressant de suivre les avancées des recherches de Bastien Pouy-Bidard afin d'obtenir une exploration plus approfondie de certaines questions, telles que les stratégies concrètes pour promouvoir l'inclusion des personnes trans en milieu scolaire et plus particulièrement en EPS qui est trop souvent réduite au simple espace des vestiaires.

Cela est d'autant plus vrai que son travail de master se trouve en amont de la réforme du baccalauréat de 2018, dont la première session est intervenue en 2021, et pour laquelle l'EPS s'est considérablement modifiée par la suppression des barèmes nationaux genrés garçon/fille pour une évaluation adaptée au contexte local de l'établissement et sans distinction de genre (ou du moins avec une limitation).

À cela s'ajoute l'officialisation de la réglementation ministérielle en faveur d'une meilleure prise en compte des questions relatives à l'identité de genre en milieu scolaire qui préconise notamment de comprendre les réalités et la diversité des situations de transidentités, de savoir répondre à la situation des élèves trans, d'être à l'écoute des élèves et de leur famille, d'accompagner par la mise en œuvre de mesures individualisées (changement de prénom, expression de genre et normes vestimentaires, usage des espaces d'intimité), de protéger les élèves trans contre toutes formes de discriminations, de harcèlement et de violences et de prévenir la transphobie par la mise en place des mesures générales et préventives (Pour une meilleure prise en compte des questions relatives à l'identité de genre en milieu scolaire, 2021).

En somme, *Transidentités en éducation physique et sportive (EPS)* de Bastien Pouy Bidard est un ouvrage essentiel qui aborde de manière approfondie et perspicace les questions liées à la transidentité dans le contexte de l'EPS. Sa contribution à la sensibilisation et à la promotion de l'inclusion mérite une attention particulière de la part des acteurs du domaine.

Ludivine Brunes
Doctorante en STAPS au laboratoire VIPS^2 (EA4636),
Rennes 2, école doctorale sociétés, temps, territoires
brunesludivine@gmail.com

Bibliographie

Alessandrin A. (2018), « Comment lutter contre la transphobie à l'école ? », *CNRS le journal* [en ligne].

Baudrit A. (2005), « Apprentissage coopératif et entraide à l'école », *Revue française de pédagogie*, n° 153(1), pp. 121-149.

Clément J.-P. (1996), « Pratiques corporelles féminines, différenciation sexuelle et gestion de la mixité en EPS (1945-1980) », *in* Arnaud P. et Terret T., *Histoire du sport féminin*, t. 2, L'Harmattan, pp. 213-226.

Combaz G. (1992), « Chapitre 4 : L'évaluation en EPS révélatrice de quelles inégalités de réussite ? », *Sociologie de l'Éducation Physique*, PUF, pp. 63-88.

Combaz G., Couchot-Schiex S. et Hoiban O. (2011), « Filles/garçons : une relation différente à l'EPS » *Revue EP&S*, n° 345, pp. 36-39.

Couchot-Schiex S. (2017), *Le genre*, Éditions EP&S.

Duru-Bellat M. (2016), « À l'école du genre », *Enfances & Psy*, n° 69(1), pp. 90-100.

Espineira K., Thomas M.-Y., Alessandrin A. (dir.) et coll. (2014), *Tableau noir : Les transidentités et l'école*, L'Harmattan.

Le Pogam Y. (1995), « Images symboliques du corps et du sport en EP », *Tréma*, n° 8, pp. 35-50.

Lénel P. et Mercat-Bruns M. (2022), « Penser l'intersectionnalité en contexte français. Le cas des affaires *Baby Loup* et *Micropole* sur le port du voile islamique au travail », *in* Lechevalier A., Mercat-Bruns M. et Ricciardi F., *Les catégories dans leur genre : Genèses, enjeux, productions*, Teseo, pp. 209-250, https://lext.so/oWD9gP.

Louveau C. (1986), *Talons aiguilles et crampons alu*, INSEP.

Ottogalli C. et Liotard P. (2012), « L'apprentissage du genre en EP. Devenir homme ou femme par l'exercice », *L'éducation du corps à l'école : Mouvements, normes et pédagogies (1881-2011)*, AFRAPS, pp. 93-113.

Circ., Pour une meilleure prise en compte des questions relatives à l'identité de genre en milieu scolaire, 2021, https://lext.so/O13cHf.

Circ., Recommandation à l'attention de la communauté éducative et des enseignants d'EPS, 2004, https://lext.so/AqaVMk.

Rey J.-P., Hauw D., Salou J.-P. et Saury J. (2000), *Le groupe*, Éditions EP&S.

Sansfaçon A. P. et Medico D. (2021), *Jeunes trans et non binaires : De l'accompagnement à l'affirmation*, Éditions du Remue-Ménage.

Structures éditoriales du groupe L'Harmattan

L'Harmattan Italie
Via degli Artisti, 15
10124 Torino
harmattan.italia@gmail.com

L'Harmattan Hongrie
Kossuth l. u. 14-16.
1053 Budapest
harmattan@harmattan.hu

L'Harmattan Sénégal
10 VDN en face Mermoz
BP 45034 Dakar-Fann
senharmattan@gmail.com

L'Harmattan Cameroun
TSINGA/FECAFOOT
BP 11486 Yaoundé
inkoukam@gmail.com

L'Harmattan Burkina Faso
Achille Somé – tengnule@hotmail.fr

L'Harmattan Guinée
Almamya, rue KA 028 OKB Agency
BP 3470 Conakry
harmattanguinee@yahoo.fr

L'Harmattan RDC
185, avenue Nyangwe
Commune de Lingwala – Kinshasa
matangilamusadila@yahoo.fr

L'Harmattan Congo
219, avenue Nelson Mandela
BP 2874 Brazzaville
harmattan.congo@yahoo.fr

L'Harmattan Mali
ACI 2000 - Immeuble Mgr Jean Marie Cisse
Bureau 10
BP 145 Bamako-Mali
mali@harmattan.fr

L'Harmattan Togo
Djidjole – Lomé
Maison Amela
face EPP BATOME
ddamela@aol.com

L'Harmattan Côte d'Ivoire
Résidence Karl – Cité des Arts
Abidjan-Cocody
03 BP 1588 Abidjan
espace_harmattan.ci@hotmail.fr

Nos librairies en France

Librairie internationale
16, rue des Écoles
75005 Paris
librairie.internationale@harmattan.fr
01 40 46 79 11
www.librairieharmattan.com

Librairie des savoirs
21, rue des Écoles
75005 Paris
librairie.sh@harmattan.fr
01 46 34 13 71
www.librairieharmattansh.com

Librairie Le Lucernaire
53, rue Notre-Dame-des-Champs
75006 Paris
librairie@lucernaire.fr
01 42 22 67 13

www.ingramcontent.com/pod-product-compliance
Lightning Source LLC
LaVergne TN
LVHW051401061026
849535LV00009B/3308